Tu hijo
DE 6 A 7 AÑOS

Ediciones Palabra, S.A.
Madrid

1ª edición, marzo 1998.
2ª edición revisada y aumentada, mayo 2002.

Colección: Hacer Familia
Director de la colección: Jesús Urteaga
Coordinador de la colección: Fernando Corominas

© Blanca Jordán de Urríes y de la Riva, 1998
© Ediciones Palabra, S.A., 2002
   Paseo de la Castellana, 210 - 28046 MADRID (España)

Diseño de portada: Francisco J. Pérez León
Fotografía de portada: Archivo Hacer Familia
I.S.B.N. 84-8239-605-6
Depósito Legal: M. 16.024-2002
Impresión: Gráficas Anzos, S.L.
Printed in Spain - Impreso en España

Blanca Jordán de Urríes

Tu hijo
DE 6 A 7 AÑOS

Segunda edición
Revisada y aumentada

HACER
FAMILIA
www.hacer-familia.com

Introducción

Por primera vez desde el nacimiento del niño, la Colección Hacer Familia, «Educar por edades», se divide en dos: los chicos por un lado y las chicas por otro. Un niño de 6, 7 años no es lo mismo que una niña de igual edad. En este libro lo demuestro. Su objetivo es ayudarte a formar a tu hijo de una manera fácil y práctica. Que disfrutes con su educación. Por esta razón el libro, dirigido a padres y educadores, está plagado de ejemplos y planes sugestivos.

Piensa que a esta edad todavía es fácil arraigar buenos hábitos.

Todos los esfuerzos
que haces en educación
merecen la pena.

Capítulo a capítulo doy claves de orientación muy útiles. Contestan a los principales temas educativos que facilitan el desarrollo integral de tu hijo:

— Actualmente no puedes dar la misma educación que tus padres te dieron a ti. Hoy en día es muchísima la información que llega al niño a través de los medios de comunicación. Desde bien pequeño, tiene que distinguir lo que está bien y lo que está mal.

— No olvides que cada hijo tiene unas características y capacidades diferentes. Un buen proyecto educativo contempla estas distinciones. Abarca la formación en los niveles físico, intelectual y de la voluntad.

— En esta edad la generosidad ya no consiste en dar sino en darse. El orden tiene que ir más lejos del cuarto de jugar: orden de vida. La responsabilidad debe abarcar ser consecuente con lo que se hace. Si empleas el sistema de autoridad-servicio, seguro que el pequeño te obedecerá mejor y más a gusto. ¡Ojo con tantas cuchufletas! Aprender a dominar las apetencias robustece la fortaleza.

— El niño, para su perfecto desarrollo, necesita tener una relación con su entorno más cercano: con su hogar y con sus padres a los que está vinculado desde su nacimiento.

— La familia no debe declinar exclusivamente su labor educativa en el colegio sino compartir con él esta tarea. Establece una relación estrecha con los tutores y con el propio centro.

— Como todos los valores los mueve el amor, la educación debe de estar basada en el amor y por el amor.

— Encauza bien el mundo de los afectos para que de adulto no existan problemas emocionales de difícil solución. No te olvides de «querer bien». Ser cariñosa, demostrar tu amor, y ser muy recta a la hora de exigir lo que debe de hacer. Dentro de la educación de la afectividad habla de temas relacionados con el sexo, siempre vinculado al amor.

— La formación no está reñida con la diversión. Aprende a sacar partido al tiempo libre de tu hijo en casa y fuera de ella. Una visita a un museo se puede convertir en un plan entretenidísimo, si sabes cómo desarrollarla.

— Esta edad es la época del nacimiento del uso de la razón. Es un buen momento para formar su conciencia rectamente. Que crezca en el amor a Dios.

PARTE PRIMERA "A"

Sé justo antes de ser generoso;
sé humano antes de ser justo

Fernán Caballero

CÓMO EDUCAR SU VOLUNTAD

Así es Juan

De la infancia a la niñez

Los 6 y 7 años es una edad de transición. Tu hijo puede dar el cambio en pocas semanas: deja atrás las características propias de la infancia, y se mete de lleno en la niñez. A lo mejor varía su carácter. Se muestra más inquieto.

Es una edad tranquila. El llorón, mal comedor da paso a un niño de carácter más estable. Es más independiente y sabe razonar. Pero todavía es muy receptivo a lo que tú le dices. Incúlcale, ahora que puedes, muchísimas cosas buenas. Como madre o padre, date cuenta que empieza a crecer por sí mismo. Te necesita, pero de otra manera. Ya no es el nene que vestías, peinabas y controlabas al 100%.

> *De cómo aprendes a tratarlo,*
> *depende su futura*
> *realidad de niño.*

«Conocí a una madre maravillosa –dice Teresa– que tenía un hijo, que se llamaba Eduardo, de 6 años. Lo trataba exactamente igual que a un bebé. Lo vestía, peinaba y lavaba. Continuamente le decía:

»"¡Ay Eduardo, rico mío, cuánto te quiero! Me gustaría que fueses bebé toda la vida...".

»Yo le decía: Pero Marta, ¿no te das cuenta que el niño está creciendo? Razona divinamente, y puede hacer ciertas cosas él solito pero que muy bien...».

> *Necesita empezar*
> *a defenderse*
> *por sí mismo.*

¿Cómo es biológicamente?

Desaparecen los dientes de leche. Salen los primeros molares permanentes. Aumenta la propensión a contraer enfermedades infecciosas. Puede sufrir de oídos. Tiene problemas con la nariz y con la garganta. Deja de ser tan robusto y sano como lo era a los 5 años. Si lo ves más delgaducho, no te preocupes demasiado, son «gajes» de su desarrollo. Algunos chicos, que eran gorditos y rellenos, ahora parecen palillos de dientes. Muchas abuelas se lamentan:

«Claro María... Como Pepe empieza el cole este año mucho más pronto... Así se le nota al pobrecillo, que está escuchimizado. Lo que tiene que hacer es dormir muchas horas...».

No te preocupe que adelgace. Lo importante es que coma bien y esté activo.

Entra en crisis

La crisis de los 6 años es menos profunda que la anterior del NO. Puede pasar inadvertida. Es como una miniadolescencia. Dura muy poco tiempo, pero tu hijo la sufre con mayor o menor intensidad.

Justo al cumplir 6 años deja de ser una criatura mimosa y encantadora. Sin previo aviso tiene un carácter impredecible: se rebela para imponer su voluntad. No acepta la autoridad y se enfrenta. Ríe hasta llorar, y llora hasta perder el control. No hay quien lo entienda. Durante estos meses se siente desorientado. Tiene miedo. Puede reaccionar de forma desconcertante, desproporcionada, y a veces hasta violenta. Algunos especialistas afirman que este tipo de reacciones tiene su origen, simplemente, en el acelerado desarrollo de su sistema nervioso. Reacciona con todo su cuerpo. Atraviesa todo el espectro de emociones. Por esta razón, uno de los rasgos más acusados, en esta corta etapa, es la BIPOLARIDAD: siempre está entre dos extremos: pasa de la risa al llanto; de la serenidad a la violencia; del cariño a la indiferencia. No es capaz de decidirse por ninguna opción en concreto. Ir de tiendas puede resultar desesperante, sobre todo si le preguntas qué prefiere:

«Pobre Juan, hasta este momento mamá le daba todo hecho. Ahora, de repente, ha crecido y hasta le preguntan... ¡Menudo problema...!».

Puede que manifieste abiertamente que no quiere hacerse mayor.

Los cambios que sufre tienen mucho que ver con estos factores:

— El centro del pequeño ya no es solo la familia.

— Se inicia una autoafirmación llena de pequeñas rebeldías e inestabilidades.

No te asustes si tiene manifestaciones sorprendentes, como si tuviera más edad. Y al poco tiempo sufre una especie de brusca regresión a los primeros años, y se pone a lloriquear. También se puede empecinar con un capricho bobo, y enseguida llenarte de besos. Esta actitud es natural. Es síntoma de que madura y se desarrolla como persona. Pero ahí estás tú para ayudarle a superarla con comprensión y paciencia. Y siempre que digo tú también incluyo al padre.

Tu hijo tiene que sentir que sus padres están a su lado.

Verás cómo en muy poco tiempo se estabiliza.

15

Un pequeño torbellino

En esta edad rebosa vitalidad y alegría. No para quieto ni un segundo. De lo contrario, algo malo está sucediendo.

Lucía no se lo puede creer. Tiene un chaval de 6 años, que está en permanente movimiento todo el día. La pobrecilla acaba agotada solo de verlo. Pero lo que más rabia le da es que Marta, su mejor amiga, tiene una hija de la misma edad, que es una santa y encima le dice:

—Mira mona. Vente a merendar esta tarde a casa, pero por favor no traigas a Pedrito, porque me da algo. Como es tan trasto, a mi pobre María la pone nerviosa...

Hazme caso. Procura llevar a tu hijo al campo lo más a menudo posible. Y en el fondo anímate, es muy sano que tenga tanta vitalidad.

Por su desarrollo físico, no puede estar quieto mucho tiempo.

Necesita saltar, correr, resbalarse, caerse, mancharse y romperse hasta la ropa.

Pero, a veces, su carácter tan movido puede provocar serios problemas familiares:

«Carlos, te lo digo de verdad –dice Teresa–. Es el último verano que paso con tu madre. Claro, como tú te vas todas los días de parranda, yo me quedo en el jardín con el bebé y con Carlitos, que está en la edad del desfogue, y tu madre se pone nerviosísima:

»¡Que si hay que ver este niño que no para! ¡Es que como no lo controlas...! ¡Mira cómo se ha puesto de sucio...! Tu marido a la misma edad era más tranquilo...

»Y claro, como no quiero discutir... Pues este será el último verano que me amarga. ¡Que yo educo a mi hijo como a mí me da la gana...!».

Mi consejo es que te tranquilices. Dialoga con tu suegra. En último caso, cambia de lugar de veraneo durante unos años.

Un explorador

En esta edad tiene una mayor destreza manual. Disfruta desarmando y armando todo lo que pilla. Déjale hacerlo, mientras no se trate

17

de tu coche... Le gusta manipular y explorar cuanto hay a su alrededor. Forma parte de su desarrollo.

«¡Pero será posible! –exclama María al borde de un ataque de nervios–. ¡No te digo...! ¡Pepe, mira lo que ha hecho tu hijo con el trenecito que le acabábamos de regalar! Lo tiene todo desarmado en piezas... ¡Con lo que nos costó!».

Lo que acaba de hacer el niño es normal y sanísimo. No se te ocurra decirle:

«Se acabó. Como vuelvas a destripar un solo juguete más, te voy a castigar y te voy a dar un sopapón tremendo...».

Sé más lista. Practica la austeridad. No compres juguetes tan caros. Regala coches más económicos, que tu hijo los pueda desarmar tranquilamente, sin que cunda el pánico. A esta edad, le encanta entretenerse con herramientas y juguetes mecánicos.

Inconstante

Le gusta mucho dibujar. Es hábil con el lapicero. Puede pasarse horas rellenando figuras con color. Pero ¡ojo!, no te ilusiones. Ten mucha paciencia. No pretendas que termine todas las cosas que empieza. Es como un volcán en erupción. Todo lo quiere hacer. Es muy bueno que se entusiasme, pero sé cauta. Piensa que su imaginación y actividad es más desbordante que su capacidad real de ejecución.

Procura que el tiempo empleado en la realización de una actividad sea corto, para que resulte efectivo y placentero. De otra forma, se cansará y dejará todo a medio hacer. No pienses que va a dedicar la tarde entera a dibujar. Divide su tiempo libre de la siguiente manera:

Media hora, dibujo.

Media hora, subirse a los árboles.

Media hora, hacer barro.

Media hora, jugar a la pelota.

Se trata de intercalar momentos de actividad desenfrenada, con otros de relativa calma. Con este horario, cada día, reanudas la sesión hasta acabar el cuadro o el patito de cerámica.

Un escolar más serio

Toma contacto por primera vez con un curso importante. A veces en un nuevo colegio. Muchos centros no disponen de Educación Infantil. Primero es un curso duro. La mayor capacidad intelectual de la edad complica los estudios. Tiene que saber leer, escribir y atender unas matemáticas más difíciles. Las mañanas son una dura batalla contrarreloj. Hay que llegar a las 9 en punto, en vez de a las 10, como en Tercero de Educación Infantil.

«En este curso, la verdad es que voy acelerada –comenta Teresa, madre de un niño de Primero–. Al pobre Luis, acostumbrado a la Escuela Infantil, donde se lo pasaba "pipa" y prácticamente no hacía nada más que pintar y jugar, le cuesta mucho el nuevo curso. Y yo me estoy angustiando. Con lo de romper a leer no hay forma».

No te preocupes. Que tu hijo no se dé cuenta de tu estado de ánimo. Si te ve alterada con el nuevo año, le costará sacarlo todavía más. Primero es un curso que puede marcar su trayectoria escolar. Depende de ti, en gran medida, que lo acabe bien. Ayúdale a superar sus problemas.

Mayor razonamiento y comprensión

¡Cuidado con Juan! Te puede sacar los colores con sus preguntas. Te aseguro que es un buen inquisidor:

«Papá, ¿por qué me dices que ordene mi cuarto si tú a mamá le dejas todo tirado por ahí?».

«Blup –piensa papá–. ¡Me ha pillado este mocoso!».

Pero ¡ojo!, como le contestes «porque sí» cuando te pregunte algo. Admite muy mal un «porque sí», «porque lo digo yo» o cosa parecida... No tolera algo que puede ser injusto.

Papá mira a Juan fijamente y piensa: «Caramba con el niño. Ahora, ¿qué le contesto para que me deje en paz fumando como un carretero?... ¡Con lo bien que vivía cuando el renacuajo tenía 4 años! ¡Hacía lo que me daba la gana!».

No infravalores su mayor capacidad intelectual. Moléstate en razonar debidamente sus preguntas o tus mandatos. Procura responder con cabeza. No contestes cualquier cosa, para salir del paso y cubrir el expediente. Es más listo de lo que crees. Se da cuenta de que tu respuesta es una solemne tontería. Lo único que consigues es que pierda la confianza que tenía depositada en ti.

Las vivencias hasta los 5 años apenas dejan rastro en la memoria. La aparición del uso de la razón coincide con los primeros recuerdos reales de la niñez que un adulto tiene. Juan, cuando sea mayor, podrá recordar lo cariñoso que era su padre, por las noches, cuando tenía 6 años y lo nerviosa que se ponía su madre al acostarlo. Así que, ojo, cómo te comportas con el pequeño. Procura que guarde el recuerdo de una madre sosegada, de un padre que le atendía y de un hogar en el que reinaba la unidad.

Tiene mayor razonamiento. Comprende mejor el mundo que le rodea. Las rabietas son sustituidas por discusiones. Entiende por qué no puede meterse en la piscina de mayores con su primo de 4 años:

«Ay Marta –dice Elena–. La gloria ha entrado en esta casa con el crío de 7 años. Ahora da gusto. Se acabaron esos ataques de locura con espinillazos y bofetadas incluidas, que tanto nos desestabilizaban a todos. Y además ya no se pelea tanto con su hermano de 8 años».

Se abre al exterior

La relación con tu hijo deja de ser tan abrumadora como antes. Como consecuencia de un mayor acercamiento a la escuela, entra a formar parte de su vida, cada vez con más fuerza, un elemento extraño a la familia: los amigos.

«Es que Juan ya no me quiere –comenta mamá compungida–. Si ya me lo decía mi madre: "los chicos se van enseguida de los brazos"».

Nada más lejos, Juan te quiere muchísimo. Pero necesita los amigos, que acaba de descubrir. En la Escuela Infantil jugaba con otros niños. Cambiaba de compañeros como de pantalones. Por primera vez, toma conciencia de:

«Mi amigo es Juan y no Pepe, que es un tonto y no es mi amigo».

En esta edad adquieren mucha fuerza las relaciones que establece fuera del hogar. Es su primer paso de madurez. Se da cuenta de que, además de papá, mamá y el chiquitín, hay unos seres maravillosos con los que se divierte muchísimo.

«Soy un niño, no una niña»

Ahora es cuando realmente comienza a sentirse como un chico. Totalmente diferente a esa «mocosa con lacitos, que es una cursi». A esta edad necesita:

Definirse.

Diferenciarse.

Identificarse.

Masculinizarse.

El varón asume su masculinidad antes que la niña su feminidad. En los cursos de Educación Infantil, jugaban todos los alumnos juntos y revueltos. A partir de Primero de Educación Primaria, en un patio de colegio, se puede ver claramente cómo los chicos hacen su corrillo aparte de las chicas. Si alguna vez están unidos a las chicas será en un juego de chicos (fútbol, indios...), pero nunca se disfrazarán de hadas ni de enfermeras.

Tiene muy claro que es diferente a la niña.

El papel del padre a esta edad es importantísimo:
La aparición de las cualidades masculinas, depende del grado y calidad de atención del padre.

Necesita que su padre se preocupe por él y le demuestre su amor.

Tú, como padre, «arrima el hombro». Aparca un poco el trabajo de la oficina. Eres su modelo a imitar. Su héroe. Abrázalo tiernamente. No caigas en el tremendo error de creer que, para masculinizarle, debes protagonizar el papel de duro.

TODO LO CONTRARIO.

En las familias donde falta el padre, a la madre le toca ejercer la importante tarea de ayudar a su hijo a sentirse seguro con su condición masculina.

Nacimiento de la intimidad

A los 6 y 7 años nace la intimidad. Coincide con un mayor asentamiento de su personalidad. Se puede afirmar con bastante tranquilidad que: en un niño de esta edad, se observa con bastante exactitud al adulto del día de mañana. Ya tiene afianzados muchos rasgos de carácter.

Durante seis años, ha ido descubriendo el mundo que le rodeaba. Ahora por primera vez, con una personalidad más firme, nace su intimidad que hay que proteger y favorecer. Es el germen de su yo personal más profundo. Durará toda la vida. La educación de la intimidad es una tarea muy importante por parte de los padres. Sobre todo actualmente que la gente vende a cualquier precio sus secretos más íntimos.

***Aprender a respetar
la intimidad.***

«¿Sabéis lo que he descubierto al niño –dice mamá delante de la abuela y toda la parentela–. Anda, dilo tú, Juan, no seas tonto, que si no lo digo yo...». Y al pobre Juan está a punto de darle un patatús. «Pues que en la mesilla de noche –prosigue mamá– guarda flores para secarlas... ¡Jaja, mira que todo un chico recoger flores...!».

Esta forma de actuar es un grave atentado a la intimidad del pequeño. Que guarde flores no tiene ninguna importancia. Lo grave es que te has encargado de airear su intimidad, sin el menor respeto. Le puede molestar y dañar su sensibilidad. Sé más prudente.

Tener intimidad no significa mentir o dejar de hablar. A partir de los 6 y 7 años, tu hijo tiene una parcela de su vida, la punta del alma, escondida en su corazón, que hay que respetar.

El amor, una independencia de criterio y una conciencia de sí mismo, de su propio yo es el mejor apoyo que le puedes dar para que desarrolle, adecuadamente, su personalidad.

Distinción entre lo imaginario y lo real

Coincidiendo con la aparición del uso de razón, empieza a descubrir que:

El ratón Pérez ya no es tan Pérez. La bruja Trikimilín es un invento de mamá. Y los Reyes Magos están a punto de ser papá y mamá... Distingue lo que es cuento de la vida real.

«Menudo corte que me llevé el día que Rodrigo cumplía 7 años –dice Ana–. Como en años anteriores, me tocaba disfrazarme de payaso, de bruja... Así que ese día se me ocurrió disfrazarme de espantapájaros. Al salir en escena, Rodrigo y los niños de su clase empezaron a desternillarse de risa. Mi hijo no hacía más que decir: "Si es mamá. Si es mamá. ¡Menuda pinta...!". Claro, esa vez fue la última que se me ocurrió hacer el oso...».

Mayor independencia

Se siente mucho más seguro que el niño de 4 y de 5 años. Domina mejor el lenguaje. A los 7 años maneja un vocabulario de varios miles de palabras. Controla más el cuerpo, sus sentimientos y su conducta. Poco a poco se hace más independiente. Puede realizar solo casi todas sus actividades cotidianas, aunque todavía tengas que hacerle bien la raya del pelo. ¡Pero ojo!, no cometas el terrible error de manifestarle menos tu amor:

«Nunca dejará de pesarme en el corazón –dice Ana– lo que hice con mi hijo que ahora tiene 35 años. Cuando tenía 6, era muy cariñoso. Pero, por hacer caso a un manual de psicología, que cayó en mis manos, dejé de achucharlo y besarlo. ¡Tenía que hacerlo fuerte...! Desde entonces mi relación con él ha sido fría y distante».

Un proyecto educativo

En el primer capítulo, has leído los rasgos más característicos de tu hijo a los 6 y 7 años. Una vez que conoces su personalidad, decide qué proyecto educativo quieres desarrollar para el chico. En este capítulo te puedo ayudar a elaborarlo.

Personalizado

«Bueno –dice Teresa–, ¡lo que faltaba! Con lo ocupados que estamos mi marido y yo y además con Purita de 4 años, como para pensar que a Carlitos de 6 hay que tratarlo de manera diferente. Educarles los educaremos, pero a los dos a la vez. ¡Que no hay tiempo para menudencias...!».

31

¡Pero qué barbaridad! No dudo de la cantidad de trabajo que puede tener Teresa... Pero no olvides que: el proyecto educativo, en este caso de Carlitos, de 6 años, tiene que ser distinto al de Purita, de 4.

¿Por qué? Cada hijo es diferente. Según sus características y su edad, necesita una atención personalizada para un buen desarrollo integral. ¡Y no te asustes! Que la educación personalizada no consiste en agotarte psíquica y físicamente, con cada hijo, las 24 horas del día. Es mucho más sencillo que todo esto. Pero exige, por tu parte, un ejercicio de voluntad.

¿Cómo se confecciona?

Siéntate con tu marido en un momento de tranquilidad casera. Coge lápiz y papel. Anota el boceto de proyecto educativo que en capítulos posteriores desarrollaremos con más profundidad.

• Tu hijo, ¿en qué tiene que mejorar y en qué destaca? Es decir sus puntos débiles y fuertes referidos a:

Desarrollo físico.

Formación intelectual.

Educación de la voluntad.

Haz una valoración de los mismos. A modo de ejemplo te voy a dar el gráfico de Santiago, de 7 años:

• Parte física:

Punto fuerte:

— Le gusta jugar a hacer construcciones.

Punto débil:

— No le gusta andar.

• Parte intelectual:

Punto fuerte:

— Le gusta leer.

Puntos débiles:

— Le cuesta concentrarse.

— No termina las tareas la mayoría de las veces. Si lo consigue, las hace de cualquier manera.

• Voluntad:

Puntos fuertes:

— Es muy cariñoso.

— Ayuda a los mayores con mucho gusto.

Puntos débiles:

— Procura «escaquearse» de las tareas que le manda mamá.

— Es desordenado.

Una vez que tienes esta lista actúa.

Lo que no hay que hacer.

Llega mamá gritando: «Pero Santiago, ya estoy hasta las narices de ti. Es que no te concentras con las tareas del colegio, que te he dicho por décima vez que tienes que hacer. Así no te pueden salir bien de ninguna manera. A partir de ahora, hasta que no termines las dos hojas del cuadernillo, como Dios manda, no te meneas de la silla. Y después, como no dejes ordenado el cuarto, te quedas sin postre...».

Pasan los días... Santiago no hace nada de lo que le dice su madre a la primera. Por supuesto, tampoco se concentra con los deberes... ¡Cómo lo va a conseguir, con los gritos de mamá en la oreja... Con amenazas y recriminándole, todo el rato, lo mal que hace las cosas...!

▪ Lo que hay que hacer.

«Santiago –dice mamá–. Como eres tan responsable con el abuelo, cuando venga a casa, tú vas a ser el que te encargues de acompañarlo a pasear un poquito, por la tarde...».

Al volver de la calle:

«¡Pero qué niño tan cariñoso eres! Hay que ver cómo cuidas al abuelo, cada vez que te pido que vayas con él de paseo. Un niño que se porta tan bien, tiene que poder terminar los deberes cada día. Como mamá te lo pide. Además, hoy, después de hacer el cuadernillo, me vas a leer un poco de ese cuento que te gusta tanto. Amor mío, que eres un solete».

Una vez acabados los deberes:

«Pero qué bien lees. Qué cuento tan bonito. ¿Me acompañas a ordenar y recogemos los dos juntos el cuarto? Solete, que eres un solete».

¿Qué has conseguido?

Mejorar el punto débil:

— De la inteligencia: concentrarse y acabar las tareas.

— De la voluntad: hacer lo que mamá le manda y ordenar. Para lograrlo te has apoyado en dos puntos fuertes: le gusta leer. Es muy cariñoso con los mayores.

Para mejorar la parte física, que ande más, el proyecto educativo se desarrolla en el tiempo libre de tu hijo.

Se apoya en su punto fuerte: le gusta jugar a construcciones.

Proponle, el sábado por la tarde, antes de hacer construcciones, dar una vuelta contigo andando.

• Hay tres virtudes que debes inculcar antes de que arraigue con fuerza el defecto contrario. No olvides que está a punto de finalizar su período sensitivo.

Haz un examen del 1 al 10:

Puede ser que en orden tenga un 3.

En obediencia un 5 y, en cambio, en sinceridad un 9. Trabaja las dos primeras virtudes a toda marcha.

Con la sinceridad, no dejes de alabarlo siempre que diga la verdad.

Un Plan de Acción de orden

SITUACIÓN:

Ignacio es muy desordenado. Suele dejar todo tirado. Mamá pierde los nervios. No para de gritar, cuando el cuarto aparece sembrado de juguetes...

OBJETIVO GENERAL:

Mejorar el orden.

OBJETIVO CONCRETO:

Orden en «sus cosas» personales.

MEDIOS:

Un pupitre con 4 cajones.

MOTIVACIÓN:

Mamá hablará al chico sobre la suerte que supone tener un pupitre con 4 cajones para él solito. Ya es mayor. Está segura de que va a permanecer tan ordenado como la mesa de despacho de papá. Y tú, papá, aplícate el cuento. Si eres algo desordenado...: nunca es tarde para comenzar, si quieres predicar con el ejemplo.

DESARROLLO:

Ignacio recibe el pupitre como su mayor te- soro: «¡Igual que el de su papá!». Se afana en mantener cada cosa en su sitio: «El primer ca- jón para los cuadernos del cole; el segundo para los dibujos; el tercero para sus entreteni- mientos: cromos, pegatinas... y el cuarto para cosas varias». Se siente mayor. Disfruta cada vez que revisa «sus cosas».

COMENTARIO:

Este plan es un acierto. Ignacio adora a su padre. Por imitarlo se vuelve hasta ordenado con su pupitre. Lo quiere tener igual que la mesa de despacho.

• Pero hay tres virtudes en las que puedes educar a tu hijo con gran facilidad. Esta edad supone, precisamente, el inicio de su período sensitivo:

Laboriosidad.

Generosidad.

Fortaleza.

No dejes de inculcar al chico con gran fuer- za en tu proyecto educativo:

— El amor al estudio. Que haga todos los días las tareas bien hechas.

— La alegría que produce dejar al hermanito los juguetes. Compartir con el amigo la tableta de chocolate.

— La satisfacción que da no quejarse por todo. Ser un valiente como papá.

Un Plan de Acción de generosidad

SITUACIÓN:

Mamá ha llegado a la conclusión que Juan tiene que darse más a su hermano pequeño, además de darle cosas.

OBJETIVO GENERAL:

Inculcar la generosidad.

OBJETIVO CONCRETO:

Que Juan aprenda a dar su tiempo al hermano de 2 años.

MEDIOS:

Diálogo.

Cartulina donde se pintan unas montañas,

árboles y un cielo azul. Se dibujará una estrella por cada acto de generosidad.

MOTIVACION:

Papá dice: «Juan, ¿tú sabes qué es lo que te hace ser mayor como papá? Pues que te dediques a acompañar y a entretener a tu hermano pequeño un poco de tiempo, las tardes de los sábados y domingos. Además, papá va a estar también contigo». Por la noche, si Juan acompañó a su hermano, dibujará una estrella en el cielo de la cartulina. «Pero qué bien Juan. ¡Cuántas estrellas estás pintando! ¡Qué generoso eres!».

DESARROLLO:

Juan reacciona muy bien a la motivación de:
— Que sea papá el que le inculque estar con el hermano.
— Ver reflejado en el cielo su estrella de la generosidad.

COMENTARIO:

A un niño de 6 años le cuesta asimilar los

conceptos abstractos. Hay que convertirlos en realidad palpable. Por esta razón, la generosidad se convierte en estrella y Juan se da cuenta que ha sido generoso.

• Pero también es importante inculcar:

La responsabilidad.

La justicia.

La iniciativa.

Saber perdonar y pedir perdón.

Un Plan de Acción de justicia

SITUACIÓN:

Pablo, de 6 años, suele arramplar con todo lo que le da la gana. Su hermano Guillermo, de 9 años, se enfada cuando le toca sus juegos sin su permiso.

OBJETIVO GENERAL:

Educar en la justicia.

OBJETIVO CONCRETO:

Que Pablo aprenda a respetar los juguetes de su hermano mayor.

MEDIOS:

Conversación seria con el niño. Recados en la nevera sujetos con imanes.

MOTIVACIÓN:

Mamá habla con Pablo. Le hace ver que todos las cosas tienen dueño. Que a los dueños hay que respetarlos. Tiene que pedir permiso a su hermano para coger un juego suyo. De esta manera Guillermo no se enfadará. A mamá se le ha ocurrido que Pablo elija un imán: por ejemplo la coliflor. Cada vez que quiera coger algún juguete de su hermano debe apuntar: «Quiero el balón» y lo coloca bajo la coliflor. Guillermo tiene que leer el mensaje y dar su consentimiento. Se trata de establecer las reglas de un divertido juego.

DESARROLLO:

Pablo se muestra entusiasmado con la idea de pedir permiso si quiere coger las cosas que no son suyas.

COMENTARIO:

Se establece «el juego de la justicia» con reglas que hay que cumplir. No se trata tan solo de pedir permiso. Hay que seguir todo un ritual, muy entretenido, de escribir mensajes. El niño, poco a poco, asimila que la idea de justicia incluye el respeto por lo ajeno.

— No olvides incorporar el amor en el proyecto educativo:

• La educación de la afectividad, que prepara para saber amar, es importantísima:

Tu hijo se siente seguro cuando nota que lo amas de verdad.

Haz un examen:

— ¿Por ser varón no lo abrazo como se merece?

— ¿Lo he dejado un poco al margen con el nacimiento de su nuevo hermano?

— ¿Cómo educo su sexualidad?

Y esta pregunta va especialmente dirigida a ti, padre de familia:

— ¿Le doy todo mi amor y mi atención, en este momento en el que realiza el descubrimiento de que es un chico diferente a su hermana?

• La fuerza que da el amor a Dios hay que transmitirla desde pequeño. Pero a esta edad, en la que tu hijo adquiere el uso de razón, tiene una dimensión todavía más maravillosa:

— ¿Cómo le inculco el amor a Dios?

— ¿Me estoy encargando de que mi hijo se prepare para recibir la Primera Comunión? ¿Dejo esta labor, tan importante, exclusivamente en manos del colegio?

— ¿Cómo se vive la vida de piedad en casa?

— ¿Me molesto en llevarle a misa los domingos?

• ¿Cómo son las relaciones con su entorno más próximo, sobre el cual se llevará a cabo este proyecto educativo?

Familia: padres, hermanos, abuelos.

Colegio: profesores, compañeros.

Sociedad: amigos.

Tú como madre o padre tienes que ser consciente de que eres el responsable de la educación de tu hijo. El centro escolar es un colaborador de dicha tarea, pero nunca un sustituto de tu papel educador. Los amigos desarrollan cada vez una influencia mayor sobre el niño. Procura que se rodee de un ambiente que siga la misma línea del proyecto que has pensado para tu hijo.

A favor y en contra

Pero ¡ojo!, que no es oro todo lo que reluce. Tu proyecto educativo, que contempla la formación integral de tu hijo, se puede encontrar con algunas circunstancias que facilitan su puesta en marcha y otras que la obstaculizan. Es necesario que las conozcas:

A favor:

— A esta edad Juan comprende y razona mejor: si le explicas que no se abre el regalo del hermano de 8 años, hasta que venga de estar con la tía Marta, te puede preguntar «¿por qué?». Tú le dirás que hay que respetar las cosas de los demás. Y no se tirará a rabieta limpia por los suelos, como a los 3 años.

— Tu hijo puede comer él solo de todo, aunque lo haga lentamente. Y además ya duerme muy bien. Atrás quedan las horas en que mamá se las veía y se las deseaba para meterle un bocado... Y las noches de vigilia, que tanto perturbaban la paz familiar. Con este comportamiento de la criatura, estás en condiciones más óptimas (menos nervios y gritos) para inculcarle ciertas virtudes debidamente:

Juan ha terminado de comer casi a la vez que todos los comensales. Encima se ha zampado el plato entero. Pero una vez concluido el postre, se ha puesto como un loco a dar volteretas por el pasillo y a correr. A punto ha estado de caer la figurita de porcelana al suelo... Pero como mamá está tranquila, decide coger a Juan por banda, llevárselo al cuarto de jugar, quedarse horrorizada del desorden que hay y hablarle del respeto y del orden:

«Mira Juan, a mí me parece muy bien que corras, pero ten cuidado con las cosas. Apréndelas a respetar. Casi se cae la figura que papá compró con tanto cariño. Y por cierto ¿a ti te gusta este cuarto así? ¡Parece una leonera...!

Venga, que te ayudo a poner cada cosa en su sitio».

Hace tres años, a lo mejor mamá reacciona de otra manera:

Mamá está muerta de sueño. La noche anterior el nene no ha dormido bien. Para colmo, hoy ha tardado exactamente dos horas en tragar la comida. Al terminar, al borde de un ataque de nervios, la desesperada madre ve cómo su figurita de porcelana está a punto de morir. Corre al pasillo, agarra al niño, le da dos tortas y asunto arreglado.

Aprovecha
su mejor comportamiento
para educarlo.

— Maneja un buen lenguaje: anteriormente, la voz de papá o de mamá era la única que se oía con precisión y buen vocabulario. Ahora mamá tiene un interlocutor abierto y avispado, capaz de hacerse entender.

— A partir de los 6 años, es precisamente cuando el chico empieza a tener sus primeros recuerdos de infancia, perceptibles en la edad adulta. Hasta los 6 años, su historia queda plasmada en el subconsciente, en las fotos y vídeo. Cuando Juan sea todo un hombre y asome una incipiente barriga, producto de su felicidad conyugal y de su buen comer, podrá recordar cómo era y lo que hacía su madre o su padre a los 6 años. Que tu hijo recuerde es un aliciente que ayuda al educador a mejorar su comportamiento. Esfuérzate en aparecer cada vez más sosegada y tranquila No estés todo el día nerviosa y malhumorada. Procura ser coherente con tu manera de ser y de actuar.

«Qué sofoco, Mari. Resulta que el otro día hablando con mi hijo de 16 años de que, aunque fuera a las playas y viera a las chicas en *topless*, a mí eso no me parecía pudoroso... va y me salta:

»"Anda, pues tú no eres la más indicada para decir tal cosa. Recuerdo cuando era pequeño. Te subías conmigo al torreón y te ponías a tomar el sol sin nada, tan tranquila...".

»Yo me quedé pasmada. ¡Si eso lo hice hace diez años para estar muy morena en la boda de mi hermana Susi...! ¿Cómo lo podía recordar?».

En contra:

— La corta crisis de inestabilidad a los 6 años te puede jugar una mala pasada. Cuando crees que todo va bien, tu hijo salta con esa miniadolescencia descrita en el capítulo anterior, y tiemblan las paredes:

«¿Qué le pasa a este niño?».

Mamá como no lo entiende, zapatillazo al canto. La labor educativa empieza a rodar por los suelos. Ten paciencia y calma. Este es un mal momento que pasará. No te la juegues con tu hijo. Aunque se muestra insufrible, no va a ser así toda la vida. Ya verás cómo cambia.

— Es más crítico. Es algo que te saca de quicio. Todo el rato pone en tela de juicio lo que haces y dices. Se fija más:

«Mami o sea, que tú fumas y le riñes a papi porque hace lo mismo».

— Tiene un gran sentido de la justicia. Antes dejabas al nene de 4 años en casa. Te llevabas al mayor de 8 de compras y a la vuelta nadie se inmutaba. Ahora no ocurre lo mismo. Pueden pasar dos cosas debido a la diferencia de trato que dispensas a tus hijos:

— Que el chico se reconcentre. No te diga nada y lo pase mal. Se da cuenta que tú haces planes con el mayor y con él ni se te ocurre imaginártelos.

— Que se pase todo el rato incordiando con el dedo apuntador:

«Mami, no vale. A Miguel le has comprado el camión y a mí nada».

¡Cuidado! De esta manera se hieren susceptibilidades. Dedica más tiempo a explicar a tu hijo porqué no puede ir a este o a otro lugar, o porqué no le compras la misma camisa que a su hermano. El niño que no señalaba con el dedo la conducta de mamá, da paso a un fiscalizador enano. Atiéndelo con paciencia y comprensión.

— Tantos porqués te van a sacar de quicio. Estás a punto de explotar. De contestarle cualquier cosa. De esta manera de actuar OLVÍDATE. Tan bien como estás educando y por unos porqués insignificantes ¿vas a mandar todo tu trabajo a paseo? Contéstale bien. Es niño pero no es tonto. Quiere saber más para crecer. ¡No lo olvides!

— Hasta ahora la familia era su principal punto de referencia. A partir de esta edad, surge un elemento un poco incordiante para mamá, acostumbrada a dictar normas y que fueran acatadas: los amigos. Tu proyecto educativo está a punto de ser saboteado por Pedrito, Alvarito o Pepito. Se comportan de manera diferente a tu hijo. Sus padres no piensan como vosotros.

— Aprende con mayor esfuerzo y menos facilidad ciertos hábitos que quieres arraigarle. Tu hijo de 0 a 6 años ya ha recorrido un largo camino. Esto puede ser bueno o malo. Si le has inculcado debidamente un montón de hábitos, tu tarea educativa, a partir de los 6 años, es fácil de llevar a cabo: afianzar virtudes aprendidas e inculcar otras nuevas. Si, por el contrario, acabas de «aterrizar» en la educación del pequeño, tu labor será doble: por un lado quitar los vicios que pesan sobre esos 6 años. Por otro, afianzar los nuevos hábitos, que los sustituyen. Además, por supuesto de inculcar las virtudes nuevas, propias del período sensitivo en el que se encuentra.

No te dejes amedrentar ni por la vecina ni por tu suegra con la típica pullita:

«Pues tu marido a la edad de tu hijo era terriblemente ordenado. No como el tuyo que es un perfecto salvaje. Lo estás haciendo fatal. A ver si espabilas».

No pierdas el ánimo.

Nunca es tarde
para empezar
a educar,

aunque sí más costoso.

¿Cómo educo la voluntad?

Y de pronto, tu hijo cumple 6 años. Qué fantástica edad para educar la voluntad y conseguir que adquiera hábitos buenos. ¡Manos a la obra! No desperdicies un segundo. Estos dos años pasan rápido. Son muy importantes en su formación. No te olvides que la educación es superior a la herencia genética.

No seas de las que digan:

«Pero no ves a Juan... igualito de roñoso que su padre. Todo se hereda».

«Hija, Teresa. No sé para qué te tomas tanto interés con el niño y sus deberes. El que nace vago, vago se queda».

Trabaja la obediencia, el orden y la sinceridad. Sus períodos sensitivos están a punto de finalizar. Son hábitos que, ahora, son fáciles de adquirir. Con más edad, necesitarás mucho más esfuerzo para inculcarlos.

Obediencia

El niño es fácil de motivar a esta edad. Si quieres que el chico obedezca, dale razones como estas:

— «Porque mamá necesita de tu ayuda».

— «Porque papá se pondrá muy contento».

Normalmente, le encanta agradar. Con estos argumentos conseguirás un resultado positivo en obediencia. Incúlcale que es bueno obedecer. Si no lo has hecho anteriormente, cuando llegue a los 14 años disfrutará fastidiando al primero que se le cruce en su camino:

«Tengo dos hijos –dice Teresa–: uno de 6 y otro de 14 años. Hay tal diferencia entre ellos... Al de 6 le encanta cumplir con lo que le ordenan. El de 14 parece que hace las cosas aposta: si le dices que no ponga los pies en el sillón, los pone. El mayor no sabe lo que es obedecer ni le interesa. Si yo hubiera conocido antes esto de los períodos sensitivos...

Bueno, por lo menos, con el pequeño lo estamos consiguiendo».

■ Menos mando y más autoridad servicio.

¿En qué consiste?

Pues muy fácil. Sencillamente si a tu hijo más pequeño le mandabas a tu antojo:

«¡Juanitooo...! Ahora recoges el cuarto. Al baño. A cenar. A la cama. Que vengas. Que dejes eso. Que no toques lo otro...».

A partir de los 6 años, debe hacer las cosas porque quiere y sabe que para él es bueno (autoridad servicio). No por miedo al castigo. Obedece libremente y sin amenazas cuando sabe que debe:

— Lavarse los dientes... porque si no le salen caries.

— Dormirse a la hora fijada... porque si no al día siguiente le cuesta mucho despertarse.

De esta manera educas en la libertad, propia del ser humano. Pero una libertad bien entendida consiste en cumplir a gusto con el deber. No hagas que tu hijo obedezca presionado para quedar bien:

Purita espera amigos a cenar. Cuando llegan llama a Juan: «Bonito, rico, saluda y vete a la cama...».

Juan se va sumiso al cuarto y Purita comenta: «¿No veis que obediente es mi Juan?».

Pero los amigos no saben que Juan ha obedecido porque su mamá, previamente a que los invitados llegaran, le ha lanzado unas cuantas amenazas:

«Como no te vayas a dormir a las 9, cuando te lo diga delante de los invitados, mañana te guardo el coche nuevo. Y te quedas sin el vídeo del sábado...».

Esta manera de actuar no forma. Solo resuelve el día a día. Lo ideal es que Juan obedezca a mamá, y se vaya a dormir a la cama, porque sabe que es bueno para él y alegra a su madre. Para que actúe de esta manera, necesita que mamá le dé razones y no le amenace.

Tres reglas de oro para obedecer.

1ª No te dejes llevar por tus ataques de nervios y pagues tu mal humor en una demanda excesiva de exigencias:

«Mamá anda toda alborotada por la mañana... Y como una loca no para de decirle a su pequeño:

—¿Has recogido el juguete de los indios?

—¿Metiste en la maleta el cepillo de dientes? Mira que nos vamos a ir dentro de media hora.

—Coge la basura y llévala a la puerta de entrada».

El pobre Juan puede acabar completamente bloqueado. Demasiados asuntos a los que atender.

Manda pocas cosas, perfectamente claras.

2ª No lo subestimes cuando le pidas que cuelgue el abrigo. Demuéstrale que tienes confianza en que va a cumplir su cometido extraordinariamente bien:

«Juan, hijo mío. Cuelga el abrigo como tú sabes hacerlo para que no se estropee».

De otra manera se rendirá a la primera de cambio:

Mamá gritando: «Juan, ¿quieres colgar de una vez el abrigo? Y como se te ocurra dejarlo mal colocado, verás. ¡Hay que ver este hijo que torpe es!».

El pobre Juan acabará «como siempre, como lo dice mamá» cumpliendo mal su cometido.

3ª No termines haciendo las cosas que tu hijo deja sin hacer:

«No. Si ya lo decía. Al final tengo que ser yo la que termine colgando el abrigo. Con este chico no hay forma de que obedezca. Mira que es desobediente».

El niño puede coger esto como una norma y pensar:

«Total no me esfuerzo. Al final mamá hace por mí lo que me manda».

Orden

El orden tiene que ir mucho más lejos de su cuarto de jugar.

A esta edad
su vida entera
debe estar ordenada.

— Horario de levantarse y acostarse.

— Comidas.

— Estudios.

— Sus cosas.

— Juegos.

— Y todas sus necesidades fisiológicas...

De sus tareas.

Por un exceso de dinamismo, tu hijo suele saltar de una actividad a otra, en cuestión de minutos. Por esta razón no te obceques en que toda la tarde juegue a los indios. No lo va a conseguir. Lo mejor es que entre los dos marquéis un horario razonado: el tiempo dedicado a cada actividad será de media hora, incluyendo la colocación y la descolocación de las piezas del juego.

De su intimidad.

Como ya dije en el capítulo 1, a esta edad nace la intimidad. Es un buen momento para recalcar:

«Mira Juan, en tu cartera, tu armario, tu caja de tesoros y tu cajón maravilloso, yo no entro. Así que tú debes de encargarte de tenerlo todo ordenado. A no ser que quieras que yo meta mano... ¿Verdad que no? No te preocupes. Voy a respetar tus secretos. Pero debes de ser tú el que tenga todo bien colocado. ¿De acuerdo?».

■ De su familia.

Si Juan ve la zapatilla de María, su hermana, por el pasillo, la debe de coger y ponerla en su sitio. Si hay un cigarro caído en la sala, se agacha al suelo y se lo da a papá.

«Un día hice una prueba –dice María–. Dejé mi chaqueta, aposta, tirada en el pasillo. ¿Te puedes creer que el enano pasó, no sé cuántas veces, delante de ella, y ni se inmutó? La chaqueta seguía en el suelo...».

Involucra a tu hijo
en el orden
de la casa.

Para conseguir este objetivo, anímale a que ordene las cosas de papá y mamá:

— Los libros de naturaleza.

— Los cajones de la cómoda. Llena de recuerdos del año «pun».

— Las fotos.

— Los puros de la tabaquera.

— Las corbatas.

Sinceridad

¡Ojo!, que mentir es uno de los vicios más difíciles de quitar.

«¡Que me lo digan a mí! –dice Purita–. Que con mi marido de 40 años, no hago carrera. ¡Menudo mentiroso está hecho! No hay forma».

Clima de confianza.

*La confianza
debe de reinar
en tu casa.*

Tu hijo, a esta edad, miente por miedo a que le riñan. Seguramente que mamá alguna vez ha puesto el grito en el cielo cuando ha roto el jarrón. O el pobre está aterrorizado. En el cole su amigo le ha dicho que, como se entere papá de que ha roto el abrigo, se va a poner furioso.

Comenta de vez en cuando: «Prefiero que siempre me digas la verdad por muy mala que sea a que me mientas».

Cumple lo que prometes. No seas de las que diga:

«Juan dime la verdad, que no te voy a hacer nada. ¿Has sido tú el que ha roto el jarrón? De verdad que no te voy a reñir, dímelo».

«Bueno, pues sí, he sido yo».

«¿Cómo? Insensato. Con lo que me costó. Ahora me vas a ayudar a comprar otro con tu dinero».

El pobre Juan seguro que no volverá a decir la verdad.

De la imaginación a la mentira.

A esta edad puede diferenciar claramente lo que es real de lo imaginario. No permitas que hable certeramente de una realidad que no existe y encima tú se la rías:

«Mamá, mamá, he visto un fantasma…».

«Ay que gracioso. Mira, Paco, el niño ha visto un fantasma».

Es muy sano que desarrolle una imaginación

calenturienta, pero dentro de unos límites: aunque sueñe que va montado en una nube (que es un cartón), en busca de las estrellas (sus hermanas disfrazadas), debe saber que esta situación no es real. Solo forma parte de la fantasía, que le ayuda a jugar y a desarrollarse.

■ ¿A quién se lo digo?

Tu hijo debe saber perfectamente:

— A quién hay que decirle las cosas. Es una monada que el niño sea espontáneo, pero con ciertos límites: tiene que aprender que la intimidad de la casa es muy importante. No la debe contar fuera de la familia. Esto es ser discreto, que no significa, en absoluto, ser mentiroso.

— Que sus padres y su profe son las personas más adecuadas a las que acudir con un problema: son adultos preparados que le quieren y se interesan por él.

«¡Qué horror! –dice Carmen–. Al niño, el otro día, como vio mis braguitas rojas, con perritos, en el tendedero, se le ocurrió decirle al compañero que las usaba de "esta guisa". Menos mal que su madre es amiga mía y me lo ha dicho. ¡Menudo el nene! Nunca pensé que diría algo así. Tuvimos una larga conversación...».

Ahora le toca el turno a los otros tres hábitos que a esta edad acaba de empezar su período sensitivo:

Laboriosidad

A los 6 años tu hijo no distingue muy bien entre lo que es juego y trabajo. Esta característica es una ventaja. A través de lo lúdico puede llegar a querer el trabajo.

> *El juego de tu hijo*
> *prepara el estudio de hoy*
> *y el trabajo de mañana.*

No hagas comentarios como:

«Hala, Pepito, que vas a empezar el cole. Ahora sí que vas a tener que trabajar ¡Qué pena!».

«Benditas vacaciones. Adiós al cole. ¡Qué suerte Juan! Te quedan tres meses por delante para pasártelo "Guachi piruli"».

En la vida del niño no debe haber una dicotomía tan clara entre trabajo o colegio y hogar. En casa y en vacaciones, busca tiempo para que desarrolle una actividad concreta:
— Deberes como la lectura.
— Programas educativos de ordenador.
— Cálculo.

¿Cómo aprendo a valorar su trabajo?
— Establece un horario determinado de hacer deberes: «Siempre a las 6, después de merendar».

Hoy Pili se ha liado y, como de costumbre, a las 9 de la noche se ha acordado que Juan tenía que hacer las tareas: «¡Anda Juan! Se me ha olvidado que tenías deberes. Bueno, no importa, para la tontería de sumas que llevabas…».

Muy mal. Infravaloras el trabajo de tu hijo.
— Exígele que presente sus deberes sin chapuzas. Bien hechos y completos:

«Mira, Juan, lo que escribes es tan importante, que tiene que estar muy, muy limpio».

— Revísale los deberes al terminar. Una vez puntuados por la profe:

«Pero qué bien, Juan». «Bueno, esta vez te ha puesto regular. La próxima vez será un bien y luego un muy bien, ¿de acuerdo?».

— Hazle ver que te preocupas de que lleve todo el material que necesita al cole: gomas, lapiceros, sacapuntas... No seas de las que diga:

«Mira mono. Si te falta algo, se lo pides al de al lado. No te voy a comprar más gomas. Siempre las pierdes».

Confía en él. Esta vez será la última que no sepa dónde está el lápiz:

«A que sí. Tú eres muy ordenado y te gusta trabajar bien. Además son muy importantes tus clases. Necesitas tener todo el material completo».

Ya verás cómo este mensaje funciona con tu hijo, encantado de que mamá valore sus estudios.

¿Por qué no estudia?

A esta edad el niño, normalmente, tiene muchas ganas de aprender. Tiene una gran curiosidad por todo. Si deja de trabajar, seguro que ocurre algo a su alrededor que no funciona.

Investiga la causa:
— Se siente rechazado por sus compañeros o por la maestra.
— El nacimiento de un hermano.
— Excesivas peleas familiares.

Pon remedio a la primera señal de alarma:
— Habla con los profesores.
— Invita a tu casa a compañeros del curso. Es bueno que el niño se relacione y tenga amigos.
— Piénsatelo dos veces antes de tirarte los trastos con tu marido. Discute a puerta cerrada.
— Da a tu hijo mucha atención y amor.

Generosidad

A los 6, 7 años ya está preparado para recibir un nuevo mensaje sobre generosidad:

Generosidad no solo es dar cosas.
Es además darse uno mismo.

■ Dar tiempo.

— Con el abuelito que está triste, porque la abuela murió.
— Con el hermano pequeño, que hay que estar con él mientras se duerme. Así mamá puede terminar de cocinar.

■ Dar pensamiento.

Ya es hora de que, además de pensar en jugar a los indios, piense en lo que puede hacer por:

— La abuela.
— El hermano.
— La tía.

■ Dar sonrisa.

«¡Menudo regalo más maravilloso que mi Juan me ha dado con esa sonrisa tan bonita!».

Y así el niño recibe el siguiente mensaje:

«Sonreír es buenísimo. Mamá se pone muy contenta».

La sonrisa verdadera es más que un gesto. Genera paz y alegría. Es un acto de generosidad. Tu hijo debe aprender a sonreír a esta edad, si quieres que de mayor tenga una sonrisa natural y franca. No postiza y falsa.

Dejar que te obsequien.

Esto parece fácil, pero es difícil. Requiere un entrenamiento:

«Yo hija –dice Teresa–, no sé qué hacer con mi nuera Julia a la que le quiero ayudar. Sé que lo necesita, y no hay medio. No acepta nada mío. Si alguna vez lo coge, en seguida me lo devuelve. Le horroriza pensar que tiene que deber favores».

Seguro que a Julia sus padres no la educaron en la alegría que supone para el otro ayudarte. Juan tiene que saber que la abuelita se pone muy contenta si acepta el regalo de un orangután y de unos pantalones de su papá, cuando era pequeño.

Fortaleza

«Pero María, qué blando estás haciendo a tu hijo» –comenta Teresa–.

«Ay hija mía –dice María–. Yo así se lo hago

saber a mi marido. Pero la culpa la tiene la abuela. ¡Como está tanto rato con el niño! Pues claro se pasa todo el día:

»"Que si tose el pobrecito; que cómo se va a subir a los árboles; que se ha mojado y se va a resfriar; que si ha merendado poco..."».

Esto no es excusa para que eduques a tu hijo en la fortaleza y en el dominio de sí mismo.

Chucherías y demás familia.

Hay niños que no hacen más que engullir todo el día:

«Todo por la paz –dice Teresa–. Cuando voy en tren, para que el enano se tranquilice y no me dé la lata, le doy toda clase de golosinas. Es un truco ideal para estar tranquila».

¡Menudo truco! ¿Qué necesidad hay de atiborrarlo a chicles? Que aguante tranquilo el tiempo que dura el trayecto en tren.

Y cuando vas con Juan por el super, si tenías pensado comprar diez cosas, acabas comprando veinte.

«¿Quién se resiste a pasar delante de los bollos, chocolates y palomitas sin echarlas al carro?».

Porque además es que el nene se pone tan pesado que la pobre mamá claudica. Pues, ni hablar, esto no tiene que suceder. Si mamá tiene una lista con diez cosas que comprar, mamá vuelve del mercado con las diez cosas. Ni una más.

¡Agua, pis, comida…!

La familia ha salido en coche de viaje:

«Mami, quiero agua».

«Pero no ves, Ricardo –dice la abuela–, que el pobre nene tiene sed. Desvíate diez kilómetros de nada y compra una botellita. Todavía nos quedan sesenta kilómetros para llegar. El pobrecito se va a morir de sed».

«Mamá pisssssss».

«Sí hijo mío. Cuando quieras, donde quieras. Si es necesario dejo el coche en medio de la calle y el nene riega la plantita».

¡Pero qué educación!

Al chico hay que acostumbrarle a resistir. A no quejarse al menor contratiempo. No es cuestión de matar al niño de sed ni hacerle una obturación en el vientre, por no ir al cuarto de baño. Si quieres formarle en la fortaleza, procura que domine sus más imperiosas necesidades. Y la mejor manera de que olvide sus ganas es distraerle con otra cosa. Inventa un juego.

Empezar y terminar.

Es un ejercicio de fortaleza que Juan empiece a la hora fijada:

— Deberes.

— Juegos.

— Comida.

— Baño.

— Irse a la cama.

También tiene que acostumbrarse a terminar a una hora determinada de:

— Jugar.

— Ver la tele.

— Leer.

Guerra al «cinco minutos por favor». Una vez que mamá ha dicho se acabó, se acabó. Te recomiendo: un cuarto de hora antes de terminar de jugar, avisa a tu hijo:

«Te quedan quince minutos para recoger los indios». Y ayúdale a cumplirlo.

A despertarse toca.

Compra un reloj. Conciencia al niño que, al oír el despertador tiene que levantarse, aunque le cueste. Si es necesario inventa el juego de la carrera:

«A ver quién se levanta más en punto: papá, mamá o tú...».

En caso de que sea el niño el ganador, lo alabas y te lo comes a besos.

Responsabilidad

Tu hijo como razona puede responsabilizarse de muchas cosas. Depende de ti, que le fomentes el gusto por cumplir con lo que debe. Si no lo haces puede convertirse en un dejado.

Tareas.

Como a esta edad le gusta ayudar, ponle tareas caseras. Procura que por la noche rinda cuentas a mamá de lo que ha cumplido. Te doy una lista:

— Apagar las luces del cuarto de baño si alguien se las deja encendidas.

— Sacar la basura a la puerta de casa.

— Reponer el papel higiénico.

— Regar las plantas.

— Coger el teléfono.

— Comunicar por teléfono a mamá con la abuela.

— Mantener el pupitre ordenado.

¡Pero ojo!, que el niño tiene solo 6, 7 años. No te pases de la raya a la hora de poner encargos. Emplea la cabeza. Una fórmula ideal es lograr que el niño realice cada semana dos tareas distintas. Es fundamental que toda la familia colabore. Ningún miembro se debe de quedar sin obligaciones. Pincha la lista de tareas en la puerta de la nevera con imanes.

El mejor premio
es la satisfacción
del deber cumplido.

■Asumir las consecuencias.

Ya no vale decir:

«Pobre, es tan pequeño que no se da cuenta».

El niño tiene que empezar a asumir las consecuencias negativas o positivas de sus actos:

«Mamá, mamá. Cómprame el indio de la máscara por favor. Si lo haces me quedo sin ver los dibujos mucho tiempo».

«¿Cuánto es mucho tiempo?».

«Pues no sé».

«Un mes».

«Vale mamá».

«Bueno, te lo compraré. Pero tienes que cumplir con lo prometido. Será el regalo anticipado de tu cumple. Ya no habrá más regalos. ¿De acuerdo Juan?».

«Sí, sí. Vale mamá».

Al cabo de tres días Juan ya está aburrido de su indio de la máscara. Con cara lánguida pregunta a su madre:

«Mamá, por favor, ¿puedo ver un poco la tele?».

«¿En qué quedaste conmigo? ¿A qué te comprometiste si te compraba el indio?».

«Ya lo sé, a no ver la tele en un mes».

«Pues entonces... Tienes que ser consecuente con lo que haces».

Mantente firme.
Ante lo pactado
no claudiques.

Por mucha pena que te dé tu hijo. Si el chico ve que consientes romper el trato, la próxima vez te tomará el pelo.

«Pedro –grita mamá–, que no abras las patatas fritas».

«Que sí, que las abro».

«Si las abres te quedas sin pastel todos los domingos, durante un mes».

Pedro, ante la cara de sorpresa de su madre, abre desafiante la bolsa y comienza a zamparse las patatas...

«Muy bien, Pedro. Ya sabes lo que te espera...».

Al domingo siguiente todos en la mesa:

«¡Qué ricos pasteles! –dice Pedro–. Dame uno mamá».

«Ni hablar. ¿Te acuerdas que el otro día abriste las patatas y te dije que si lo hacías te quedarías sin pastel durante un mes?...».

Al domingo siguiente toca comer con la tía Segismunda:

«Pedro, rico mío, toma un pastelito que ha comprado la tía».

«No puedo. Mamá me ha dejado sin pasteles porque desobedecí y me comí las patatas...».

El chico, de esta manera, aprende a responsabilizarse de sus actos.

Seguro que otra vez, por la cuenta que le trae, no vuelve a desobedecer a mamá.

Justicia

A esta edad, tu hijo desarrolla un gran sentido de la justicia. Se atreve a decir:

«Papá esto no es justo».

El término de justicia debes inculcarlo al mismo tiempo que le demuestras que: cada hijo es diferente. Por tanto es justo que cada uno, según su edad, tenga unas necesidades diferentes. De esta manera evitas las envidias.

«¿No ves Juan? Tu hermano de un año necesita pañales y tú no. En cambio tú necesitas lápices y él no. ¿A que esto es justo?».

«Yo –dice Marta–, cuando mi hijo mayor tenía 7 años y la pequeña 5, me los llevaba de compras a la vez. Un día a una le compraba ropa que necesitaba y a la semana siguiente, le tocaba al mayor adquirir los libros de texto nuevos para el cole. Su hermana los heredaba».

Hoy estos chicos tienen 10 y 12 años y no son nada envidiosos. Comprenden que son distintos.

«Cómo voy a salir con los chicos de 7 y 5 años y no les voy a comprar lo mismo a uno que al otro –comenta Luisa–. Lo malo es que cuando viene la madrina el día del cumpleaños de Pablo, el pequeño, le hace tales regalazos que yo, para compensar, compro a Juan otra cosa, casi tan buena como el regalo de la madrina».

Esta manera de actuar no es educativa. El niño debe saber que él no tiene porqué recibir ningún regalo el día del cumple de su hermano. Pablo es el festejado. Es normal que su madrina le compre lo que quiera:

«Mira Juan, tú tendrás tu regalito cuando cumplas 8 años. Hasta entonces a esperar».

Respeto por la propiedad ajena.

Enseña al niño que es justo:

— No garabatear en el cuaderno de su hermano.

— No coger el chocolate, sin permiso.

— No romper la pelota, que le ha prestado el amigo.

— No arrancar las flores del parque.

— No tirar papeles por la calle.

Si Juan se emperra en arrancar las flores de la violeta de su hermana dile:

«A ti no te gustaría que te cogieran el tren y le quitaran las ruedas, ¿verdad?».

«No».

«Pues a Clara tampoco le gusta que le estropees su planta».

Compañerismo

Juan va preparado para el colegio. Su padre le ha leído la cartilla:

—Tú si te pegan, pegas dos veces.

—No prestes nada... que como me entere yo...

—Y nada de llevar el balón nuevo. No sea cosa de que te lo rompan.

—Ah, se me olvidaba... De traer a tus compañeros a casa... Nada de nada, que son muy brutos.

¡Menudos consejos! No te das cuenta de que tu hijo, por primera vez, se abre al exterior. Es un momento ideal para inculcarle:

— Ser buen amigo de sus amigos. Con los que probablemente conviva doce cursos de su vida.
— No acusar.
— Ayudar al más desvalido de la clase.
— Prestar sus cosas. Reclamar su devolución.
— Compartir la pelota nueva.

Las campañas.

Cuando el niño te entrega un sobre para las misiones, mete el dinero de toda la familia. Devuélveselo enseguida para que al día siguiente lo entregue en el cole.

No actúes de esta manera:

«Mami, en el cole me han dado este sobre».

Mami está friendo huevos... «Sí hijo, déjalo en la mesa».

Pasan los días. El sobre va de aquí para allá, lleno de manchas de aceite.

«Mami, mira el sobre... está debajo del banco un poco pisoteado. Te digo que lo tengo que llevar al cole...».

«¡Anda si es verdad! Se me ha olvidado. Pero es que el día de las misiones ya ha pasado. Lo dejaremos para el año que viene».

¡Menudo ejemplo de solidaridad...!

Iniciativa

A esta edad papá y mamá ya tienen que contar con Carlos para muchas cosas. No pensarlo todo por él:

«¿Qué te parece que hagamos en tu cumplesiete con tus amigos? ¿A cuántos invitamos? ¿Cómo colocarías las cosas en tu pupitre?».

A veces es más cómodo no preguntar y hacerle todo al niño:

«Con lo lento que puede ser el enano de 6 años».

Pero esta manera de actuar no forma en la libertad. Tu hijo se siente más comprometido y contento si ha tomado la iniciativa de hacer sus cosas por sí mismo.

Saber pedir perdón y perdonar

Son dos términos diferentes.

Cuando tu hijo aprende a pedir perdón practica la humildad.

Acostumbra al niño a que reconozca que hizo algo mal. Por esta razón se disculpa y pide perdón. No actúes así:

Juan se está peleando con su hermano Pepe de 4 años. En un ataque de rabia rompe el dinosaurio. Mamá desde la cocina oye los gritos de los niños y piensa:

«Bueno, ya pararán de pelearse estos chicos...».

Como la pelea continúa, mamá llega al cuarto, agarra a los niños, y les da un tortazo a cada uno:

«¡Qué pesados sois! El dinosaurio está roto por haberos peleado. Lo tienes bien merecido, Pepe».

Actúa de la siguiente manera:

Mamá al oír los gritos acude al cuarto. Separa a sus hijos y pregunta:

«¿Qué pasa por aquí?». «¿Quién ha roto el dinosaurio?».

«He sido yo» –dice Juan.

«¿Por qué lo has hecho?».

«Porque quería jugar con él, y como no me lo dejaba…».

«Pues entonces, tienes que pedir perdón a tu hermano y reconocer que has hecho mal».

«Y tú Pepe, la próxima vez sé más generoso y presta las cosas».

Cuando tu hijo
sabe perdonar
aprende la generosidad
y a no ser rencoroso.

Saber perdonar es todo un arte que tienes que inculcar al niño a esta edad. No actúes de la siguiente manera:

Nicolás ha llegado de la escuela muy enfadado: unos compañeros le han roto su maravilloso coche fantástico. No está dispuesto a pasar por ello. Su madre le aconseja:

«Nicolás, es que ni se te ocurra volver a prestar nada a esos niños. Si puedes, cuando ellos lleven algo bueno, lo coges y lo rompes también».

Actúa de la siguiente forma:

Cuando mamá se entera de lo ocurrido con el coche fantástico le dice a Nicolás:

«Hijo mío no te lo tomes así. Procura no llevar más juguetes al cole. Pero por favor haz las paces con tus compañeros que se está muy mal y muy triste enfadado. Diles que les perdonas, pero que no te vuelvan a hacer lo mismo otra vez».

El niño tiene que sentir alegría cuando hace las paces con quien está enfadado.

PARA PENSAR
PARA ACTUAR...

Para recordar...

Inculca la generosidad de darse.

Utiliza más la autoridad servicio que el mando.

¡Fuera quejas! Fortaleza.

Para leer...

José Antonio Alcázar, *Virtudes Humanas*, Col. Hacer Familia, nº 70, Ed. Palabra.

Virtudes Humanas trata sobre la educación de los Valores y Virtudes en el seno de la familia: en definitiva, cómo enseñarles a vivir con dignidad, de modo que puedan ser felices. La familia, primera y principal escuela de valores, es donde se aprende a usar responsablemente la libertad y en donde se desarrolla más adecuadamente la personalidad.

Para
pensar...

No se trata de perdonar, sino también de pedir perdón. Cuando tu hijo lo hace, practica la humildad.

Para
hablar...

Entre los padres:

Es ahora el momento de hacerle fuerte y educarle en la reciedumbre. Daros cuenta de la importancia que tiene a esta edad que vuestro hijo empiece y termine los deberes, el juego, el baño a una hora fijada.

Con el hijo:

Explícale que la generosidad no solo consiste en dar cosas, sino también en dar su tiempo a ese abuelito que está enfermo.

Para actuar...

Objetivos de Planes de Acción:

— Responsabilidad: cada semana asignas a tu hijo una tarea.
— Fortaleza: la hora de irse a la cama queda fijada a las 9.30.

UN PLAN DE ACCIÓN
Las plantas de Juan

SITUACIÓN:

Tengo el salón de mi casa con 4 plantas fáciles de cuidar. Pero la verdad ya estaba un poco cansada de ser yo la única que las cuidaba. Así que pensé que mi hijo Juan, de 7 años, podría ocuparse de ellas.

OBJETIVO:

Trabajar la responsabilidad de Juan haciendo que cuide las plantas.

MEDIOS:

Una regadera de fácil manejo que el mismo niño ha elegido.

MOTIVACIÓN:

Le pusimos un nombre a cada planta. Le hicimos saber al pequeño que cada una tenía vida y que dependían de él.

HISTORIA:

Cada día, después del colegio, le recordábamos que sus amigas le estaban esperando. Conforme pasaban los días ya no era necesario decírselo. Él mismo las regaba en la proporción adecuada.

RESULTADOS:

Buenísimos. Además de hacerle responsable, estamos consiguiendo que le guste la naturaleza.

PARTE SEGUNDA "B"

> *El gusto por la lectura, es un cambio de las horas*
> *de aburrimiento que uno tiene que tener en su vida*
> *por horas deliciosas*
>
> Montesquieu

CÓMO DESARROLLAR SU INTELIGENCIA

¿Cómo desarrollo su inteligencia?

La capacidad de la inteligencia está unida al desarrollo del cerebro. Este desarrollo se consigue constituyendo circuitos cerebrales, conexiones entre distintas neuronas. Estas conexiones se favorecen a través de la estimulación sensorial. La educación temprana trata de ofrecer abundantes estímulos sensoriales. Y es a los 6, 7 años, cuando el chico se encuentra en la última fase de su desarrollo neurológico.

Hay estudios que demuestran que la escuela es menos importante, en el desarrollo del nivel de inteligencia del niño, que la influencia de la familia. El chico, que vive en un hogar donde le dejan tener iniciativa, le valoran y se dialoga, demuestra más su capacidad intelectual.

Los padres que saben aceptar a su hijo, ejercen una mayor influencia positiva en su desarrollo intelectual.

Afianzamiento de la lateralidad

Al chico de 6, 7 años le gustan mucho los juegos de parque, trepar y gatear... Hay una serie de juegos, basados en estos ejercicios físicos: el twister, que consiste en colocar por turnos las manos y los pies en círculos de distintos colores. Este juego, en particular, y casi todos los juegos físicos contribuyen a afianzar la lateralidad. Por esta razón, es muy importante que practique:

Natación.

Tenis.

Pimpón.

Voleibol.

Baloncesto.

Badminton.

Están especialmente indicados juegos de equilibrio como:

Bicicleta.

Esquí.

Patinaje.

Con una tiza marca en el suelo una línea blanca. Proponle que se pasee de arriba abajo cada vez más rápido. Si descontrola su cuerpo y se sale de la línea pierde. A continuación, puede hacer el invento sobre el bordillo de la acera... Y ya no sigas experimentando por lo que pueda pasar...

Los movimientos físicos
estimulan
la inteligencia.

La lectura

A los 6, 7 años comienza la actividad lectora. Está demostrado que el desarrollo de la inteligencia de tu hijo se relaciona directamente con su hábito lector. Un niño que lee mucho, tiene más posibilidades de desarrollar la inteligencia. A esta edad, el chico adquiere el gusto por leer.

Un lector no nace.
Se hace poco a poco.

«Con lo caros que están los libros –dice Teresa– como para comprárselos a Juan de 6 años, que acaba de aprender a leer. Ya tendrá libros cuando los cuide de verdad. Más adelante, con más años...».

¡Pero qué barbaridad! Esta señora no se da cuenta de que si a Juan, cuando tenga 14 años, le gusta leer es debido a un proceso muy largo: empieza en la guardería, con libros de figuras, sigue a los 6, 7 años con los primeros libros de letras, y se afianza en la adolescencia.

Un niño que no ha tenido libros de pequeño, de mayor es difícil que sea un buen lector.

No hay que olvidar que el chico aprende a querer sus libros sobándolos.

■ Ideas para hacer un buen lector.

— En primer lugar espabila. Cómo te la ingenies es asunto tuyo. Tu hijo tiene que ver que en casa, además de revistas del corazón, que hablan de chismes, hay libros, aunque sean de trabajos manuales. Piensa que, a lo mejor, a fuerza de querer dar buen ejemplo a la familia, consigues a tus «taitantos» ser una lectora en toda regla.

El niño
debe encontrar placentero
el momento de leer.

— Nunca le impongas la lectura como castigo sino como premio. No le amenaces con: «Si no te comes la cena, mañana te quedas a leer toda la tarde en vez de ver la televisión...».

— El tiempo ideal dedicado a la lectura es de un cuarto de hora al día. A medida que crezca aumenta el horario. Un buen momento para leer es la hora mágica de meterse en la cama. Lo más seguro es que te pida que le leas un cuento, si está acostumbrado a que lo hagas desde pequeño. No cortes de golpe con este hábito que tanto le gusta. Progresivamente, disminuye el tiempo de tu narración y aumenta el dedicado a la lectura.

— Interésate por lo que lee. Cuando el pequeño acaba un capítulo le preguntas:

«¿Qué le pasó a la gallina? ¿Por qué el príncipe se convirtió en rana...?».

— Visita todas las ferias del libro que hay en tu ciudad.

— Y como gran premio de fin de curso o de cumpleaños, llévatelo a una librería que te conozcan. Que pueda ojear a gusto libros. Cómprale alguno apropiado para su edad.

«Pues yo –dice Pepe– lo que hago es, poco a poco, formarle una biblioteca con libros interesantes para cuando crezca...».

Pues muy mal. Está bien que adquieras la biblioteca del futuro. Pero es ahora cuando tu hijo necesita aficionarse a la lectura y tener libros. Piensa que todavía es pequeño. No sabe decidir qué libro leer. Infórmate bien. Conoce la lectura más conveniente. Asesórale adecuadamente.

— Dedica un sitio preferente a los libros en tu casa. Si no lo haces, el chico, que se ha vuelto muy observador, piensa:

«¡Vaya con papá y mamá! Me compran muchos libros, pero están todos tirados por ahí».

La nueva biblioteca tiene que ocupar un lugar destacado en el cuarto de tu hijo. No te compliques la vida con su adquisición. Puedes fabricarla «Made in casa». Unas cuantas baldas son suficientes para tener todos los cuentos en orden. Ponla a su alcance. No se te ocurra instalarla bien alta, para que las historias maravillosos de Walt Disney no se embadurnen de mantequilla. No supedites la lectura a la limpieza. Es mejor que tu hijo manche y lea los libros, a que se conserven impolutos para la siguiente generación:

«Un día a mi suegra –cuenta Ana– no se le ocurrió otra cosa que decirme: "Hay que ver cómo cuidan los libros tus hijos. Yo en cambio tengo las historias de Don Perico y un montón de libros más, de cuando Pepe era pequeño, en perfecto estado..."».

«Claro –continúa Ana– porque una es educada, que si no le hubiera contestado, que mucha pulcritud con los libros, pero que sus hijos, entre ellos mi marido, no leen nada de nada. En cambio, a mi hijo con 7 años le encanta leer, aunque tenga los libros un poco estropeados...».

BLANCA JORDÁN DE URRÍES

¿Cómo puedo enseñar a pensar a mi hijo?

«Para qué te andas con tonterías con el niño –dice Luis–. Si total, es un pequeñajo. No le preguntes tanto».

«Qué pelma es este chico. Todo el tiempo con los dichosos porqués».

Estos comentarios, por desgracia, son habituales entre los padres. Si quieres formar un adulto con un pensamiento riguroso, enséñale a pensar.

¿Qué puedo hacer? No se trata de establecer un horario rígido. Que el pobre Juan se siente a pensar con mamá o papá. Puede morir del aburrimiento:

«Venga, mono. Los viernes por la tarde de 6 a 7 vas a pensar con tu madre…».

Aprovecha las circunstancias cotidianas. Ayúdale a reflexionar: si coge el gato por la cola pregúntale:

«¿Qué crees que te puede hacer miau?».

«Pues no sé, mamá».

«Pues yo sí lo sé. A ver piensa».

«Bueno… Pues que me araña…».

Enséñale que todo lo que hace tiene una

causa-efecto. Es una manera de evitar que haga las cosas a tontas y a locas:

«Si corres muy deprisa por la escalera... Te puedes caer».

«Si te tomas el jarabe para la tos... Te pondrás bueno».

Con esta manera de actuar el niño se acostumbra a reflexionar y no pierde su espontaneidad.

«Déjale –dice Teresa–. Tan pronto sube como baja. Se tira de la bici en marcha o corre por el pasillo como un desaforado. Es la edad de experimentarlo todo...».

Y está muy bien que experimente. Pero tienes la obligación de enseñarle a conocer las consecuencias de sus actuaciones. Si no te molestas y le adviertes «que si se mete en esa cueva solo, se puede perder», el niño se introducirá tan contento en el agujero y puede pasar un mal rato. ¡Nadie le avisó! Hay padres que presumen de lo atrevido que es su hijo. No se dan cuenta que un riesgo no pensado puede ser muy peligroso:

«Pepito es tan gracioso como su padre: un

terremoto. No piensa las cosas y se lanza en picado».

Y ¿crees que por esta actitud el chico es más valiente? Tú eres una inconsciente.

La valentía no está reñida con el pensamiento.

Utiliza el lenguaje.

El dominio del lenguaje permite tener un pensamiento más riguroso. A esta edad, el niño ha adquirido vocabulario. Le entiendes perfectamente.

Anteriormente el chico solía hablar consigo mismo. En numerosas ocasiones no trataba de comunicar algo a los demás. Sus conversaciones eran un monólogo. Con 6, 7 años el tema varía. El lenguaje se convierte en un medio de comunicación con su entorno. Existe un diálogo con pregunta-respuesta. Puede formular, mediante palabras, sus planes y lo que desea hacer, aunque tartamudee y cecee. Aprende a utilizar la capacidad de comunicar que tiene, para que se vuelva reflexivo.

No lo subestimes. A esta edad puede responder razonadamente, si le ayudas a pensar, gracias al lenguaje. No se te ocurra actuar de esta manera:

Mamá pintando una ventana subida a una silla:

«Mami».

«¿Qué quieres?».

«Que si me vas a comprar un coche como a papá...».

«¡Qué cosas dices Juan...!».

«Mami, que si me vas a comprar un coche como a papá...».

«¿Otra vez con la misma monserga? Anda que sí, pesado déjame en paz...».

«Yupi...».

Aquí mamá ha tratado al niño como si fuera tonto... ¿Por qué no te bajas de la sillita, interrumpes tu maravilloso trabajo y te dedicas a hacer pensar a Juan? Seguro que comprende:

«Mira mono –dice mamá–. No te puedo comprar el coche de papá, porque ese coche es de mayores. Para conducirlo necesitas un carné, que te lo darán dentro de doce años».

«Ah pues ya creceré...»

▪ La tertulia.

El gusto por la tertulia a la sombra de un cocotero es una buena idea, pero un poco idílica... La tertulia la debes realizar en tu ciudad, en tu casa, en el cuarto de todos los días. Tratando de involucrar a toda la familia.

La tertulia ayuda a:

— Comunicarse.

— Conocerse.

— Pensar y por lo tanto a desarrollar la inteligencia.

Establece un día a la semana determinado. A partir de esta edad, a tu hijo le puede interesar que habléis de ciertos temas. Te doy algunas ideas:

— Cómo era el abuelito o la bisabuela que murió.

— Cómo se conocieron papá y mamá.

— Relatos sobre personajes históricos ejemplares.

— Análisis sobre algunos cuentos.

Del pensamiento a la creatividad.

A los 6, 7 años se está gestando el investigador y el creativo del futuro. El niño creativo piensa cómo puede construir con palos y piedras un puente. De esta manera desarrolla su inteligencia. Anima a tu hijo que experimente con la naturaleza. Hay libros muy divertidos que enseñan cómo fabricar un hormiguero, una caseta atrapamoscas... Al principio necesita tu ayuda:

«¿Ves Juan? Pones miel dentro de la cajita, tiras del hilo y la puerta se cierra con la mosca dentro».

Al cabo de unos días lo verás experimentando con hormigas, para atraparlas. A lo mejor no es muy hábil. No lo desanimes nunca. Foméntale que fabrique:

— Sus propios juguetes con cajas de cartón.
— Un fuerte con piedras.
— Muñecos con huevos y rollos de papel higiénico.
— Caras con globos hinchados y tiras de papel de periódico. La boca, los ojos y la nariz son de plastilina.

El entorno

En este capítulo vas a conocer cómo se desarrolla la realidad más próxima de tu hijo. De qué manera le puedes ayudar en su relación con vosotros, sus hermanos, amigos y profesores... Tiene que sentirse a gusto con su entorno, si quieres inculcarle hábitos buenos.

Los padres de Juan

El niño, a esta edad, empieza a formar su propia identidad, en el seno de su familia. Es el núcleo en el que encuentra amparo. Le conocen y le quieren tal como es. Con lo más íntimo de su ser. De ahí la enorme importancia que los padres tienen en estos años. Empieza a saber que, en su casa, no necesita aparentar. Puede ser él mismo:

«Solo mamá sabe que le di un espinillazo, ayer por la noche...».

Con los compañeros de clase es otra cosa: Juan no llega a comportarse con la misma confianza que lo hace con su familia. Cuántas veces te ha pasado que has recogido al niño del colegio, y, al llegar a casa, el pobrecito se ha echado a llorar:

«Pero ¿qué te pasa Juan, si en el colegio estabas bien?».

El pobre niño, al encontrarse en la intimidad de su hogar, ha sacado toda la congoja que había en su corazón:

«Porque Álvaro me ha dicho que soy un cobarde y un bebé y no me atrevo a lanzarme por el tobogán...».

En este caso, abrázalo amorosamente y cálmalo. Que sepa que cuenta con la comprensión de papá y mamá, para sus pequeños disgustos. Trata de aliviar sus preocupaciones con una conversación sosegada. El corazón del niño no debe albergar ni un atisbo de rencor ni de angustia. Con tu ayuda, debe olvidar lo malo que le sucede. No acudas desaforada al colegio al día siguiente, niño en ristre, y que Juan, muerto de vergüenza, señale al culpable:

«Juan –insiste mamá–, que me digas quién ha sido el que te dijo cobarde».

«Ése, Pepito».

«Oye niño –dice mamá–, ni se te ocurra volver a llamar a mi hijo cobarde».

La mamá de Pepito, alarmada, acude a ver lo que pasa con su hijo. El revuelo está servido: Juan muerto de vergüenza. Pepito sorprendido. Las dos madres enzarzadas en una dialéctica absurda:

«Que si tu hijo, que si mi hijo».

Recomiendo: Si notas que ocurre algo serio con los compañeros del colegio, acude a hablar a solas con el profesor. Deja de sacarle «las castañas del fuego» a tu Juan.

Resuelve sus secretos con la misma intimidad con la que te los cuenta.

Para Juan sus padres son como su refugio. A esta edad se abre a todo lo que está fuera del hogar. Por esta razón la familia cobra especial relevancia. La forma cómo aprende a relacionarse en su casa, la seguridad y afecto que encuentra en su familia, influyen en su relación con los nuevos amigos.

Procura:

— Evitar las peleas delante de tu hijo.

— Que tu casa no parezca una pensión, donde cada uno va a lo suyo y no se habla nada más que para pedir cosas.

Es la edad del no pero sí. Por un lado, crece un sentimiento de independencia. Por otro, ahí está mamá arropando al chiquitín, que ya empieza a dejar de serlo. Tu hijo necesita que papá y mamá le protejan, estimulen su individualidad y acepten la necesidad que tiene de crecer fuera del hogar. Si estos dos elementos, independencia y protección, se equilibran, has iniciado el correcto camino en su desarrollo como futuro adolescente.

A esta edad se siente a gusto con sus padres. Sabe que son los que mejor le conocen. Es muy gracioso observar cuando un niño llama al telefonillo de su casa:

«Rin».

«¿Quién es?» –contesta papá al otro lado.

«Soy yo» –dice Juan.

Pero es un YO en mayúscula ¡Qué bien suena! Qué bien se siente Juan sabiendo que, al decir YO, mami o papi le van a conocer.

Esta manera de actuar, que puede pasar desapercibida para muchos padres, es sumamente importante. Supone un primer encuentro del niño consigo mismo, en su propio hogar. Seguro que a Juan no se le ocurre ir al supermercado del brazo de mamá y gritar:

«Soy yo».

Sabe que su yo es identificado únicamente en casa. Se trata de todo un descubrimiento que acaba de hacer. Pero ¡ojo!, que hay que establecer unos límites: Juan debe saber que su casa es un refugio de amor y tranquilidad, nunca un escudo de protección frente a la sociedad.

Un profesor de un colegio se quejaba de que, a la tutoría, cada vez acuden más padres, que hacen de su hogar un búnker, frente al mundo agresivo exterior. Como piensan que todo está tan mal, pretenden que el chico solo se encuentre bien en su casa y con sus padres. De esta manera consiguen lo contrario: Juan se atrofia en su necesaria apertura a la sociedad. Esto es un tremendo error. No puedes pasar los días conversando con tu marido delante del niño:

«¿Te das cuenta que mal está todo? ¡Hay que ver a dónde vamos a llegar! Es que donde está mejor el niño es en casa con nosotros».

Tú crees que Juan no te oye. En su cerebro filtra este tipo de conversaciones, y, repetidas a menudo, llega a la conclusión:

«Lo único bueno es mi casa. Fuera todos son malos».

No eduques en el temor y en el miedo. Si algo no te gusta del exterior, dialoga con tu hijo. No lo sobreprotejas:

«Mira Juan, hay niños que dicen tacos y mienten. Aunque ellos lo hagan tú siempre pórtate bien».

Educa
en la confianza
y el cariño.

■ Las tradiciones.

Ahora es cuando tu hijo disfruta más de las tradiciones o costumbres de la familia. Si no existen, espabila y créalas. Te doy una lista:

— El día del cumpleaños de mamá, papá y los niños son los que preparan el desayuno. Se lo llevan a la cama, con sorpresa incluida. La bandeja puede ir liada con un lazo muy grande.

— Los domingos, a la salida de Misa, compras flores.

— Los sábados del Mes de Mayo recoges flores para la Virgen.

— Cada año visitas la Feria del Libro.

— Cada tres meses, adorna la mesa del comedor, de acuerdo con la estación del año:

21 de diciembre, algún sustituto del acebo: rojo y verde.

21 de marzo, unas flores siemprevivas.

113

21 de junio, unas espigas de trigo.

21 de septiembre, hojas secas de los árboles.

— Acude a ver en la misma fecha:

A la tía monja que vive en el convento.

A la tata mayor que está en una residencia.

Tu hijo disfruta y se siente seguro haciendo lo mismo un año tras otro.

Al principio, tú le recordarás.

«Juan, que hoy toca coger las flores amarillas en el campo...».

Luego él te dirá:

«Oye mamá que, antes de empezar el cole, tenemos que ir a ver a la tía en el convento, donde me dan dulces tan buenos».

Por lo general, le gusta volver siempre al mismo sitio de vacaciones, encontrar sus mismos juguetes y hartarse de ver por veinteava vez «El libro de la selva»:

«Pero Juan... ¿No te cansas? Si ya te debes saber de memoria toda la historia».

«¡Mira mamá! –dice emocionado–. Ahora es cuando el oso balú se hace el muerto...».

Como decía en el primer capítulo, a partir de esta edad es cuando el adulto recuerda más conscientemente su infancia. Para inmortalizar las tradiciones nada mejor que una buena instantánea de mamá apagando las velas de la tarta, el día de su cumpleaños.

Reglas de oro para que las relaciones con tu hijo sean fluidas.

— No te dejes llevar por los posibles estados de crisis del niño.

— Respeta el nacimiento de su intimidad. Otra cosa es que él quiera compartir contigo sus secretos.

— Mira como un crecimiento hacia adelante la necesidad que tiene de estar con sus amigos.

— No te apartes de su lado. Te necesita todavía cerca. El hecho de que pueda apañárselas sin papá y mamá, durante bastante tiempo, no significa que no le guste tu compañía. A esta edad, expresa con dificultad lo mucho que necesita a papá y a mamá, a pesar de su aparente desapego y autosuficiencia.

— Mucha paciencia con sus cambios de humor. Si tú no lo entiendes y ayudas, ¿quién lo hará? Puede tener manifestaciones de tristeza, debido a un deseo de volver a su infancia. Hay niños que, a esta edad, es cuando adquieren conciencia de la idea de envejecimiento.

— Aprende a dar la vuelta a la tortilla. Si le impones las tareas, quizá las realice mal o de malos modos. En cambio, si te involucras con él en «regar plantas», «ordenar el cuarto»... lo puede pasar estupendamente. Le encanta hacer las cosas con otra persona. Es un buen momento de convertirlo en un futuro marido ideal.

Los hermanos

*Cada hijo
es diferente
y nace
en un ambiente familiar
distinto.*

«Soy el mayor».

— Cuando tu hijo de 6 años es el mayor, le exiges más responsabilidad: «Mamá está muy atareada cuidando a los pequeñajos, así que Juan tiene que espabilar». Por otra parte, hasta hace poco tiempo se ha llevado todos los mimos por ser el primer hijo. Estas dos condiciones marcan carácter.

Ventajas: Será tu mejor aliado. No lo consideres un enemigo del bebé. Trátalo como un cooperador fiel, dispuesto a ayudarte en todo lo referido a la crianza, papillas, primeros pasos de los pequeños. El chico no sentirá celos. Logrará tener una relación de amor y cooperación con sus hermanos pequeños. Pero ¡ojo! que es solo un niño de 6 años. No le puedes pedir que se responsabilice demasiado tiempo de los pequeños.

Desventajas: A los 6 años no tiene hermanos mayores, que sean su ejemplo a seguir. El mayor punto de referencia son sus padres. Los únicos de su familia próxima que le pueden ayudar, cuando lo necesita.

«Soy el mediano».

— Si tu hijo de 6 años es el sandwich... Lo tiene claro. Es «el ni chicha ni limoná» de la familia.

Ventajas: De todos puede aprender. Para arriba y para abajo. Deja de ser el punto de mira de su familia. Si su madre tiene un mal día, esto es una ventaja... Aprende a heredar de los mayores juguetes, ropa... y comparte con los de 3 y 2 años.

Desventajas: En algunas ocasiones, se puede sentir herido. Sus padres cometen el error de ignorarlo. Solo se fijan en el mayor y el pequeño, a los que consideran sus puntos de referencia. Los únicos que les traen por «la calle de la amargura». El pobre no se acaba de situar. Por un lado juega con el de 9. Cuando le llama «pequeñajo», acude sumiso a estar con su hermano chiquitín: «A ver si me hace más caso».

«Soy el pequeño».

Ventajas: La familia está más experimentada. Papá y mamá han utilizado de conejillos de indias a los mayores. Suele ser un niño más despierto, hablador y comunicativo. Su crisis de 6 años pasa más desapercibida. Con tantos hermanos mayores por encima de él... La familia económicamente está más estabilizada. Esto influye en los nervios de mamá.

Desventajas: Pierde la ocasión de aprender lo que es cuidar a alguien más chico que él mismo. Claro que siempre tienes la posibilidad de llevarlo a casa de la tía o de la amiga, que acaba de dar a luz. No puede repartir su ropa y juguetes con el más pequeño.

No te olvides.

— A los 6, 7 años tu hijo busca amigos pero la relación con sus hermanos sigue siendo importantísima.

— No le hagas excesivamente responsable de sus hermanos pequeños. Tener siempre que atender al bebé, puede ser causa de riñas y conflictos que podrían evitarse.

— Jugará mejor con los hermanos de edad comprendida entre los 4 y los 8 años.

— Puede tener más celos de su hermano mayor que del pequeño.

— Si esperas un nuevo hijo, debe saber de dónde vienen los bebés y participar en todos los preparativos del nacimiento. Es una manera de evitar la pelusilla.

— Procura no establecer una competitividad excesiva entre hermanos. Se puede volver ansioso y tener problemas en sus relaciones sociales futuras.

Los abuelos

Papá está poniendo a caldo a su suegra delante de Santi, de 7 años, que permanece agarrado de la mano de mamá:

«Pero tú ¿te has dado cuenta de lo pesada que es tu madre? Es que no la soporto. Con lo cargado que llevamos el coche y quiere que le llevemos una maletita. ¡Menuda maletita!...».

Santi está boquiabierto. Con lo que él quiere a su abuela. «¿Por qué papá dice esas cosas tan feas de ella...?».

Pero es que mamá tampoco se salva:

«Mira Pepe, no aguanto más a tu madre. Siempre metiéndose con lo que hago y dejo de hacer con mi hijo, que es mi hijo y no es el suyo. Que ella tuvo su oportunidad de educarte a ti, y mira cómo se lució. ¡Darme a mí clases de educación cuando ella os ha hecho a ti y tus hermanos unos perfectos desordenados!».

Y el pobre Santi al lado horrorizado pensando:

«Pero si mi abuela me quiere tanto. Además, ¿por qué delante de ella mamá es tan simpática...?».

¡Cuidado! A esta edad tu hijo empieza a tener sentido crítico. Puede sufrir mucho con estos comentarios sobre sus abuelos, a los que adora. Además, se da cuenta del doble papel que hacen sus padres: cuando están solos ponen verdes a sus «abuelos». Delante de ellos se muestran encantadores.

La figura de los abuelos hay que cuidarla con esmero.

Son las personas, después de papá y mamá, con las que tu hijo se siente más seguro. En muchas ocasiones, les rodean de una cierta tranquilidad de la que carecen sus padres, afanados en una loca, prometedora carrera profesional. No rompas, por malos entendidos familiares, la relación directa con los abuelos. El trato con ellos es un enriquecimiento humano inigualable y una escuela de virtudes. Aprende el respeto por los mayores.

«Tengo unos recuerdos maravillosos de las vacaciones con los abuelos cuando era pequeño –dice Javier–. Mi abuela me leía cuentos, cosa que mi madre, como acababa de encontrar trabajo y estaba cansadísima, siempre me ponía mil excusas».

No veas en los abuelos una figura en continua competencia con tus habilidades de padre o madre. Los abuelos deben de ser un complemento a tu labor educativa. Nunca un sustituto. Si tu suegra regala demasiadas cosas a tu hijo, dialoga con ella y exponle tus puntos de vista:

«Que tienes miedo que el niño se vuelva caprichoso».

Pero no se te ocurra montar una escena. Evita situaciones como esta, sobre todo delante del niño:

Los suegros acaban de entrar por la puerta: «Hola Juan, rico, toma este camión...». Mamá que le oye, sale como una pantera. Delante del pobre niño grita: «Pero bueno esto es el colmo. Intento educarlo en la austeridad y cada vez que venís le traéis un cochecito al niño...».

Otras veces te callas, pero cuando viene tu Pepe y se han ido los abuelos te desahogas, siempre delante del niño:

«¿Tú te das cuenta? Es el colmo. Como tus padres no tienen otra cosa que hacer, pues hala a consentir a Juan».

A continuación te diriges al niño y le dices: «Y tú ya te puedes despedir del camioncito, por mucho que te lo haya dado tu queridísima abuela...».

El pobre niño no comprende cómo mamá se comporta de esta manera y la toma con el regalito de los abuelos. No olvides aquello de:

> *Trata a los abuelos*
> *como luego quieres*
> *que te traten a ti.*

Los amigos

Hazte a la idea de que para tu hijo van a ser más importantes los amigos que él elige, que los hijos de los amigos de papi y mami. Hasta los 6 años, todo quedaba en casa. Mamá decidía con quién alternaba el niño y punto. A partir de los 6 años, con la entrada en Primaria, las cosas cambian. Como he dicho en el capítulo 1, tu hijo empieza a abrirse al exterior. Muestra sus primeros atisbos de independencia. Pero esto no significa una ruptura familiar. Al contrario, foméntale las buenas amistades. Hasta el momento no tenía amigos fijos. Ahora ha pasado a ser un chaval que ya señala con el dedo, cuando mamá le va a buscar al cole:

«Ese es mi amigo».

Es capaz de formar parte de una pandilla a la que es bastante leal. Deja de ser el acuseta de cursos anteriores que se quejaba a la profesora:

«Seño, seño. Raúl me ha mordido».

Su cuarto. Sus cosas

Hasta los 6 años, mamá entraba en el cuarto de Juan y «ancha es castilla»: limpia por aquí, limpia por allá... Cajones abiertos... Lo de Juan se mezcla con lo de Pepe de 2 años, y Juan no protestaba. Solo mamá sabía que no estaba educando en orden. A partir de los 6 años, tienes que tener más cuidado y respeto por tu hijo, aunque lo veas muy pequeñajo.

Como consecuencia del nacimiento de la intimidad

*el niño
tiene que tener
un sitio determinado
para guardar
sus «tesoros».*

125

Y mamá debe preguntarle si puede utilizar el sobre de sal, que tiene guardado en el pupitre, para cocinar. En lugar de cogerlo y tan contenta freír los filetes. A lo mejor el chico ni se entera que en la comida ha ingerido su maravillosa sal. Pero esta manera de actuar no está bien. Tu hijo debe saber que tú eres la primera que respetas sus cosas.

Procura que participe en la decoración de su cuarto. Saber que sus opiniones son tenidas en cuenta le ayuda a crecer y a madurar. Empieza a contar con él. De otra manera te puedes encontrar con un hijo de 12 años muy crecido pero nada maduro. Su madre, desde pequeño, no se molestó en involucrarlo en su educación. El niño tiene que sentir que su casa es su casa y su cuarto es su cuarto. El próximo reciclaje de juguetes hazlo con él. Que te ayude a seleccionar lo que va al altillo, a la parroquia o al primo Pablo.

Mamá está hasta las narices de tanto cochecito. Un buen día decide hacer una limpia: «Voy a aprovechar este fin de semana, que Juan está con los abuelos, y voy a tirar un montón de cachivaches…». Y la muy fresca lo dice frotándose las manos. El domingo, cuando llega Juan… ¡Menudo berrinche! Llora que llora. Ha sido una agresión contra su propia intimidad: «Mamá ha cambiado su cuarto sin contar con él».

Ten más cuidado. Tu hijo ya no tiene 3 años. Se da cuenta que te has apropiado de sus cosas sin permiso.

Juan va al colegio

La actitud de papá y mamá

El pobre Juan, agarrado de la mano de mamá, no hace más que oír:

«¡Ay Teresa! El niño este año tiene que empezar antes el colegio. Menuda lata... Y además creo que le toca un profesor tremendo, que los hace espabilar que no veas...».

«¡Ay Juan! Ya verás este año, en el colegio, lo que vas a tener que trabajar. Entras en un curso muy difícil. A partir de ahora, de jugar en el cole nada de nada...».

Estas actitudes lo único que fomentan es la angustia del niño. El pobre se aterra por el curso que va a comenzar.

***Evita comentarios negativos
sobre la escolaridad.***

Crea un ambiente en el que se sienta amor al colegio. Aunque recuerdes tu época escolar como una pesadilla. Si es necesario córtale a la suegra con el típico:

«¡Ay pobrecito! Con lo pequeño que es y lo que madruga. Total, para lo que aprende en la clase...».

No olvides que: una relación fluida padres-colegio es fundamental para un buen rendimiento escolar.

Primero de Primaria es un curso lleno de novedades. Nuevo profesor y nuevo horario. En muchas ocasiones estrena colegio. Tu hijo necesita tu ayuda y cooperación, para terminar bien el año escolar.

— Aprovecha la hora de ir a la cama.

Es un momento ideal para que Juan te cuente todas sus experiencias escolares.

Su maestra se convierte en su segunda madre. La puede llegar a querer muchísimo. Evita comentarios como:

«¿Te has dado cuenta lo gorda que es María, la profesora? Y es más burra, que no te lo puedes imaginar».

Este tipo de críticas hacen mucho daño al niño. No comprende porqué mamá pone verde a su maestra. Luego tan contenta la saluda muy simpática, como si tal cosa, cuando lo recoge en el colegio.

El aprendizaje

Tu hijo necesita saber que sus horas en el colegio merecen la pena. Los fines de semana estimúlale diciendo:

«A ver Juan. Como en la escuela has aprendido a plantar, hoy en el jardín me vas a ayudar a poner tres pinos...».

«¡Qué bien Juan! Cómo lo haces. Hay que ver lo que te enseñan en el cole. Cuánto aprendes...».

Cada día preocúpate de revisar sus tareas. Interesarte por lo que hace en la escuela refuerza su aprendizaje.

En el primer curso rompe a leer y a escribir. Procura que el niño no te vea angustiada por el ritmo lento de su progreso en los estudios:

«¡Ay que sofocón tengo, Pepe! –dice María–. Nuestro Luis no avanza. Hay niños que ya leen y él nada. ¿Tendrá algún problema?».

Cada niño es un mundo. Si estás preocupada habla con el profesor, que te orientará debidamente. No se te ocurra comentar delante de Juan:

«Desde luego no sé para qué va al cole. Ni leer sabe todavía...».

No pongas en entredicho la autoridad del profesor ni del colegio:

«Pero ¿tú te has dado cuenta, María, de la cantidad de deberes que lleva el niño? Se va a morir».

«Mira Tere. Te lo prometo que yo cambio al niño de cole a uno que no haya monjas. Porque con eso de que todos son mixtos, venga a disfrazarse. A las niñas les gusta mucho, pero a los niños los van a volver de la acera de enfrente...».

Por favor, si tienes intención de cambiarle de colegio, no lo comuniques de esta forma.

Estos comentarios retrasan su adaptación al medio escolar y por lo tanto su aprendizaje.

A colaborar toca

A tu hijo le encanta que sus padres estén vinculados a su colegio. Hay muchas maneras de participar en el funcionamiento escolar. No dudes en ofrecer tu ayuda. Repercutirá positivamente en su aprendizaje. No seas de las que se escaquean y hace comentarios delante del niño como:

«¡Uy vaya pesadez! Ya están pidiendo ayuda para la dichosa tómbola. Vamos, encima del trabajo que tiene una, llevando, trayendo y haciendo los deberes con el nene, como para perder el tiempo con esas memeces...».

Todos los colegios necesitan la colaboración de los padres, para su buen funcionamiento. Además, ayudando al Centro Escolar, aprendes a conocerlo y a quererlo. Este sentimiento se lo transmites al niño. Sé generosa. Ofrece tu tiempo en los primeros cursos. Todavía te queda una larga trayectoria escolar. Puedes trabajar mucho por el colegio y por tu hijo.

Tutorías

«Pero... ¿cómo puedo ayudar a Juan si apenas me habla de lo que hace y cómo va en el cole?».

A tu hijo le produce una gran seguridad que sus padres conozcan y quieran a sus profesores. Lo ideal es que, al mes de empezar el colegio, tengas la primera entrevista con el profesor. De esta manera conoces su evolución y los Planes de Acción que debes marcar para que el niño progrese adecuadamente. Vete preparada a la primera entrevista con el profesor. Llévate lápiz y papel, y, apuntados en una hoja, los puntos fuertes y débiles de tu hijo.

La cooperación con el tutor es de una gran importancia.

El profesor necesita la información, de los padres, de cómo es el hijo en casa. Tú, para ayudarle, necesitas del profesor los datos de comportamiento y aprendizaje. Nunca acudas a una entrevista con el tutor pensando:

«A ver qué me dicen».

Sé positiva. Aporta todo lo que puedas sobre el niño. A lo mejor te sorprendes si don Benito dice que Juan no abre la boca, cuando en casa no para de cotorrear; que Pepito es un trasto y en cambio con la familia es un angelito. Si su conducta es tan diferente en los dos entornos, habla con tu hijo sin enfadarte:

En lugar de decirle:

«Juan eres un golfo. El profe me ha dicho que te portas fatal en el cole».

Actúa con mano izquierda:

«Juan, ¿alguien te molesta en el cole? ¿Cómo te portas en la clase? ¿Eres tan bueno como en casa o un poco revoltosillo...?».

Al final, te confesará que es un trasto y tú le puedes ayudar. Puede que note falta de afecto en casa, por la espera de un nuevo hermanito; por la enfermedad de un pariente o simplemente porque estás muy ocupada y no le prestas toda la atención que necesita.

Después de la primera entrevista surgirán

otras a lo largo del curso. No dudes en hablar con el profesor antes de que te llame, si notas algo raro en su comportamiento. La última tutoría, casi al finalizar el curso, es también muy importante. En ella el profesor te informará de su evolución final. Podrás hacer planes de estudio para las vacaciones de verano.

Un horario

Tu hijo tiene que tener en casa un horario determinado, dedicado a los deberes de la escuela. En este primer curso, depende de ti que lleve todas las tareas completas y bien hechas.

Lo mejor es establecer un orden:

— Llegada de Juan a casa.

— Merienda.

— Media hora de juego.

— Deberes.

Revisa los cuadernillos diariamente. A esta edad el niño adquiere el buen hábito de hacer siempre las tareas del colegio. Por un día no pasa nada. Procura que no sea algo cotidiano, que medio termine las líneas de escritura. Y por supuesto, evita darle todo tipo de tarjetitas con mil excusas:

«Que si el pobre tenía dolor de oídos...».

«Que si estaba muy cansado y por esta razón no pudo acabar los deberes...».

Un lugar

«Mira mono. Hoy haces las tareas en la mesa del comedor, porque la mesa de la cocina la tengo llena de ingredientes para hacer una tarta...».

«Pues pocholín. Hoy no puedes trabajar en el comedor. Hay invitados a cenar, así que ponte a trabajar en cualquier otro sitio. Total para los deberes que son...».

Muy mal. No hagas estos comentarios. Denota muy poco interés por sus estudios. Si de momento no has comprado un pupitre, lo mejor es que dediques la misma zona a estudiar, en su cuarto o en el comedor. Vete haciendo a la idea de que Juan necesita una mesa práctica y cómoda, en la que pueda pintar, escribir, sumar.

Falta al cole

A esta edad, seguramente faltará más de una vez al colegio por enfermedad. Por una serie de razones:

— Como decía en el capítulo 1, el niño no es tan robusto como en años anteriores. Demasiados chicos juntos, en una clase, pegándose todo tipo de virus.

— Aparece el cansancio, debido a su nueva adaptación escolar.

Faltar por causas justificadas es aceptable. Ausentarse por norma es un pésimo hábito:

«Hija –dice Teresa– yo tengo dos hijos en el colegio: uno de 10 años, que me hace Quinto y otro de 6, de Primero. Así que cuando el mayor está malo, al pequeño lo dejo en casa y todos a dormir. Total no pasa nada en estos primeros cursos».

Pues esta manera de actuar es una solemne equivocación. Juan de 6 años está en la edad que las caza todas al vuelo. Puede interiorizar rápidamente el mensaje:

«Mamá no le da importancia a que yo vaya o no a la escuela. El colegio no tiene gran valor».

Clases extraescolares

Juan tiene 6 años. De octubre a junio su madre tiene muy claro lo que va a hacer con el pichoncito:

De 9 a 5 cole. A la salida: lunes y miércoles lo ha apuntado a natación, de 6 a 7. Martes y jueves a judo, de 6 a 7. Los viernes da clases de tenis, de 6 a 8 en el club. El fin de semana aprovecha para darle a los idiomas: el sábado, de 10 a 12, viene una profesora de inglés a casa. Por la tarde empieza a hacer sus primeros pinitos con papá al golf...

Está muy bien que el niño aprenda. Es lo que debe ser. Pero sin tanto sofocón. Ten en cuenta antes de apuntarlo a una clase extraescolar:

— ¿Cómo va en el colegio?
— ¿Es un niño emocionalmente tranquilo o está al borde de un ataque de nervios continuo?

Si va bien en la escuela; le da tiempo a hacer las tareas adecuadamente; aprende y no está nervioso apúntale dos horas a la semana a una actividad física. Puede ser natación o judo. Le viene muy bien, se desfoga y lo pasa estupendamente. El fin de semana dedícalo a lo que quieras. Como padres sois los más capacitados para decidir con acierto si el niño puede asistir a clases extraescolares.

Te recomiendo:

No te dejes llevar por las modas: si el hijo de Pepito va a clases de golf o es muy elegante llevarlo a clases de judo al «Kaita Kum»… Pasa de lo que se lleva. Actúa con convencimiento y por tus propias ideas. Si crees que haces lo correcto apuntándole a clase de natación, no te dejes achantar por tu suegra:

«Hijo, vas a acabar con el pobre niño. Bastante tiene con este primer curso de Primaria, como para atender a más clases…».

Si tu marido está de acuerdo, no te acomplejes. Adelante con las clases de natación.

Los compañeros

Al comenzar la enseñanza Primaria, tu hijo se encuentra en un ámbito más formal que el de la familia. Existen reglas de comportamiento estrictas para un montón de niños: horarios, calificaciones... Este ciclo ofrece numerosas oportunidades para que amplíe su campo de relación social. Por primera vez siente ganas de agruparse, de cumplir las reglas del grupo. Los juegos colectivos sustituyen a los individuales. Al ser más niños con los que juega, se adapta mejor socialmente. En el trato con los demás, empieza a reconocer su papel dentro del grupo: lo que puede aportar y recibir. Lo habitual es que la camaradería no sea aún muy sólida. Que el grupo esté dirigido por un cabecilla, que imponga una auténtica dictadura. El niño de carácter débil, tímido o que ha sido sobreprotegido por sus padres, encuentra más dificultades de adaptación: desconfianza de sus compañeros y temores.

En este primer curso explica que un buen compañero:

— Ayuda a recoger los juegos.

— Deja limpios los lavabos, una vez utilizados.

— Respeta los objetos ajenos. No los usa sin permiso.

141

— Recoge la ropa caída. La coloca en su sitio, aunque sea de otro.
— Comparte los juguetes.
— Respeta el turno de palabra.
— Presta el material a los demás.
— Participa en las actividades grupales.
— Evita los motes y los gestos hirientes.
— Evita el ridículo a los demás.
— Llama por su nombre a las personas.

No olvides…

— No se te ocurra reír una gracia a tu hijo como:

«Mamá, mamá. En mi clase hay un niño que casi no sabe jugar a la pelota. El otro día metió un gol en la portería suya. ¡Fíjate qué tonto es! Todos nos tiramos de risa por el suelo. ¿Verdad que es divertido?».

— Invita a los niños de la clase a casa de cinco en cinco, por lo que pudiera pasar. Con esta actitud refuerzas la relación del niño con sus compañeros. Los conoces y puedes aconsejarle sobre sus amigos. Pero no intentes manipularlo. Juan ya tiene sus preferencias.

— No hay nada malo que Juan, el sábado por la mañana o dos tardes a la semana, después de las clases, se quede con sus compañeros en deporte extraescolar. Todos los colegios suelen tener esta actividad fuera del horario lectivo. No seas de las que dice:

«Yo desde luego a mi Pepito en cuanto deja las clases no se queda ni un segundo más en el cole. Las amistades se las busco por otra parte».

Esta manera de actuar es un error: cuanto más integrado se encuentra tu hijo con los compañeros de su clase, más avanza en su aprendizaje. Está más motivado para asistir al colegio. No los desacredites. Si no te gustan, cámbialo de colegio. Ten en cuenta que las amistades que empieza a formar, desde este curso en el cole, duran fuera de él para lo bueno y lo malo.

— Dale la importancia que se merece que, en el primer curso, venga con el sainete:

«Mamá, mamá. Mis amigos hoy no han jugado conmigo. Lo han hecho con Francisco. Así que yo mañana no voy a jugar con ellos».

En el corto período que dura la crisis de los 6 años, tu hijo puede hacer comentarios de este tipo. Le preocupa saber con quién juegan sus amigos. Es una etapa de habladurías. Piensa que para el niño este tema es muy importante. Procura atenderle. Quítale dramatismo a la situación con:

«No te preocupes. Seguro que mañana estará todo arreglado y volveréis a jugar todos juntos».

— No te sorprendas si un día viene llorando, porque en su grupo ya no le quieren. Lo que sucede es que, a esta edad, cuando se forma un grupo, diferentes miembros de él se convierten por un tiempo en el mejor amigo. Luego caen en desgracia.

PARA PENSAR
PARA ACTUAR...

Para recordar...

Tu hijo tiene que disfrutar cuando lee.

Utiliza la tertulia familiar para conocerlo.

Colabora con tu colegio. Acude a ver al profesor.

Para leer...

Antonio Vázquez, *Matrimonio para un tiempo nuevo,* Col. Hacer Familia, nº 38, Ed. Palabra.

Unas buenas relaciones entre los padres, dando ejemplo de amor y cariño mutuo, son básicas para una buena educación. *Matrimonio para un tiempo nuevo,* nos ayuda a descubrir las enormes posibilidades que encierran las relaciones conyugales. Cómo superar las dificultades y los obstáculos que puedan presentarse.

Para
pensar...

La lectura proporciona al adulto ratos inmensos de felicidad. Para que esto sea una realidad, de niño ha tenido que leer muchos libros. Es a esta edad cuando empieza el hábito lector.

Para
hablar...

Entre los padres:

¿Nos molestamos en razonar con nuestro hijo, con palabras adaptadas a su edad, lo que esperamos de él?
¿Le estamos enseñando a pensar o lo hacemos por él?

Con el hijo:

Hazle ver la importancia que tiene dentro de tu familia.

Para actuar...

— Autoestima: cuidar al hermano pequeño aceptando el nuevo lugar que ocupa en la familia.

— Compañerismo: ayudar a los compañeros del cole que más lo necesitan.

PLAN DE ACCIÓN
Ha nacido mi hermanito

SITUACIÓN:

Estoy destrozada. Desde que ha nacido Pablo, María de 6 años ha cambiado su forma de ser. Tiene muchísimas rabietas, por la noche se hace pis y ha dejado de estar alegre.

OBJETIVO:

Que María aprenda a aceptar que no es hija única. Que tiene un hermano recién nacido que necesita muchos cuidados.

MEDIOS:

Unas fotos de María a la misma edad de Pablo.

MOTIVACIÓN:

Una tarde nos pusimos a ver las fotos de María de bebé. Le hicimos ver que ella fue tan pequeña y llorona como su hermano y que gracias a los cuidados de mamá y papá ahora estaba tan guapa.

Le pedimos que colaborara en los cuidados de Pablo. Le dijimos que de esta manera iba a ser muy útil para toda la familia y además que necesitábamos mucho su trabajo y «experiencia como hermana mayor».

HISTORIA:

María estaba feliz de involucrarse en las tareas para cuidar al bebé. Además notaba que era la mayor, una persona muy importante de la que en cierta medida dependía su hermano pequeño. Incluso alguna vez discutía conmigo porque ella era la que tenía que cambiar los pañales.

RESULTADOS:

Estupendos. Hemos conseguido que María acepte su nueva situación en la familia y al nuevo hermanito al que cuida con esmero.

PARTE TERCERA "C"

> *Pues ni ojo vio, ni oído oyó, ni corazón alguno pudo imaginar lo que Dios ha preparado para los que lo aman*
>
> San Pablo

¿QUÉ ME PREOCUPA DE MI HIJO?

El tiempo libre

Cultivar el tiempo de casa

«Mientras Juan –dice Teresa– está en el colegio, todo es tranquilidad. Pero claro, cuando llega a casa, menuda revolución. Así que, a la salida del cole, me lo llevo al parque y después de compras. Cuando llegamos a casa, solo le da tiempo a hacer sus tareas, bañarse, cenar y dormir. ¡Qué tranquilidad!».

Esta manera de actuar no está bien, si Teresa la pone en práctica por sistema. El tiempo libre no tiene porqué emplearse en salir a la calle, al parque o a donde sea con mamá. Lo normal es que un niño, recién escolarizado, pase alrededor de ocho horas al día en el colegio. Su relación con el exterior es más que fecunda. Al salir de la escuela, salvo las dos horas de clase extraescolar a la semana, Juan debe estar en su casa. Necesita desarrollar su intimidad en un ámbito tranquilo, como es el hogar.

Si después de las 5, mamá lo agarra y se lo lleva por ahí para que no dé la lata, el niño acaba nervioso de tanta tienda. El chico necesita estar entre las cuatro paredes de su dulce hogar, para jugar, entre otras cosas. De esta manera su sistema nervioso se desarrolla adecuadamente.

Procura practicar los deportes de acción y pasear el fin de semana. A diario, frena tu ritmo de vida y el de tu familia. Siempre a contrarreloj. Vamos, que si el niño no está haciendo algo fuera del cuarto de jugar te da «un patatús».

Es muy educativo que a la vuelta del colegio, cada miembro de la familia desarrolle una tarea distinta:

— Mamá repostería o sus maravillosas labores de punto.

— Papá la lectura o arreglos de la casa.

— Juan: libros adecuados para su edad. Colecciones. Juegos individuales como puzles. Construcciones...

El espacio físico del hogar ha de vivirse como un lugar sereno. Con tiempo suficiente para hacer cada cosa y con cierta autonomía.

A jugar toca

«Pero, ¿por qué demonios voy yo a tener que estar enseñando a jugar a mi hijo? A mí, cuando tenía su edad, mis padres no me enseñaban».

Antes la estructura familiar era diferente. Las familias eran más numerosas. Entre los propios hermanos se aprendía a jugar. Hoy tienes que ser tú la primera en tirarte por los suelos. Enseñar a Juan cómo funciona el robot, si no quieres que acabe arrinconado o destrozado. El juego no es una pérdida de tiempo. Aprovecha todas las ventajas que ofrece a tu hijo.

El niño
aprende jugando
y juega aprendiendo.

Desarrolla:

• Juegos de observación:

Rompecabezas; veo veo; adivinanzas...

• Los experimentos:

Experimentar con las ciencias naturales es de una gran riqueza. Tu hijo puede fabricar un semillero. Observar el crecimiento de las plantas. Materiales necesarios:

— Frascos de cristal.

— Semillas: garbanzos, lentejas.

— Algodón.

— Agua.

— Sol.

Los tapones de los botes de limpieza sirven. Agujereados por la parte de abajo se convierten en macetas, donde se plantan flores.

• Juegos de mesa:

El ajedrez: desarrolla la lógica y la imaginación. Esta edad es un buen momento para comenzar a jugarlo con papá o mamá. Enseña unas nociones básicas: cómo se manejan las diferentes piezas. Cómo son los movimientos. En un corto período de tiempo, tendrás un buen rival con el que pasártelo fenomenal...

Dale de ventaja, al principio, la dama y dos torres y quizá te gane. ¡Y tú que creías que tu pequeñajo no pensaba nada más que en jugar a los indios...!

Master ming; damas; parchís; oca; cartas...

Jugar bien
desarrolla hábitos.

• Juegos creativos:

Todos aquellos que dan rienda suelta a la imaginación calenturienta de Juan:

Dibujar o pintar:

A Juan sobre todo le gusta pintar aviones, rieles de ferrocarril, barcos...

Construcciones, mecano:

Deja un mínimo espacio despejado donde jugar a gusto. De esta manera, tu hijo se desenvuelve a sus anchas. No teme que venga la hermanita pequeña y le derribe en un segundo la «Torre de Sansón», que tanto trabajo le ha costado levantar.

Te aconsejo:

Lo mejor es que acotes una zona por un

157

tiempo. Y siempre esté a la vista el campamento de los indios, las torres de los guerreros y el ferrocarril de los yanquis. Se trata de que, cuando deje de jugar, no tenga que destrozar su obra y meterla en una caja. Es la única manera de disfrutar de las construcciones.

«Menuda desilusión sería para Juan que su mamá destruya el puente, justo cuando lo ha terminado, y lo guarde en piezas... Esto desmoraliza a cualquiera».

• Trabajos manuales:

Recortar, pegar, modelar. Los materiales pueden ser ramas, piñas, bellotas... Al principio tenéis que estar vosotros o los abuelos, al pie del cañón, para que el niño aprenda. Se pueden hacer muñecos con bellotas y palillos. Tentetiesos con botellas de plástico rellenas de arena y decoradas con papel maché. Cuando termina el trabajo manual, le dices lo bonito que ha quedado. Lo contenta que estás de que te lo haya regalado. Y sobre todo lo instalas encima de la cómoda o mesilla de tu cuarto. Todo, menos que el pobre Juan vea que su «Obra de arte» está en el cubo de la basura. Danzando por la casa, semi arrugada y pringada de chocolate.

• El juego de hacer como si yo...

A esta edad tu hijo empieza a distinguir lo real de lo imaginario. Es un buen pasatiempo, para terminar de afianzar este conocimiento. Le gusta imaginar que puede convertirse en Sansón o en el héroe de sus cuentos preferidos. Puede pasar unas horas muy divertidas haciendo el papel de *Cherif* del condado, y sus amigos de indios. Este tipo de juego es sanísimo. Pero el chico debe saber que la reencarnación de su personaje es imaginaria. No vaya a ser que se disfrace de *Superman* y se tire por la ventana a volar... Enséñale los limites de la realidad:

«Mami, voy a ser el indio rompecabezas».

«Muy bien hijo mío. Pero ya sabes que eso no es verdad. No se te ocurra romperle la cabeza a nadie...».

«¡Qué cosas dices mamá! Ya lo sé».

• Juegos electrónicos:

En principio hay que hacer una distinción. Estos juegos de ordenador son muy diferentes a la televisión, aunque también pueden crear adicción: si quieres que Juan no esté solo, enganchado toda la tarde a los botones de la maquinita, con el juego de los «Pasajeros del espacio»... Marca un horario: los fines de semana media hora al día. Procura que comparta su afición con otro amigo:

«Cuando el pasajero queda atrapado en el túnel del tiempo, Juan le pasa la maquinita a Pepe».

Existen programas educativos por ordenador muy interesantes. Estos juegos bien utilizados son aconsejables. No seas de las que por sistema diga no al ordenador:

«Yo es que mira –dice Luisa–. Me niego en rotundo a que entre el ordenador en casa. Vamos que tendría de dejar de ser yo... Nicolás, el hijo de Marita, se pasa todo el día enganchado a la "consola"».

Date cuenta que tu hijo pertenece a la generación del ordenador. El día de mañana tendrá que trabajar con él.

• Juegos de toda la vida:

Pelota.

Canicas.

Indios.

Soldados.

Los bélicos con un control.

Jugar es desarrollar
capacidades intelectuales.

El teatro

Puede ocupar gran parte del tiempo libre en fines de semana o vacaciones. La puesta en escena es todo un trajín:

— Elección de la obra.

— Ensayo de los papeles.

— Elaboración de los disfraces.

— Fabricación de los decorados.

— Representaciones varias a toda la familia.

El teatro
es una actividad
enriquecedora.

Aunque intervengas de supervisora, deja que Juan, sus primos y amigos sean los que verdaderamente participen en los decorados. Todo puede ser útil: papel de plata, hojas secas, cartones...

Tu hijo, con la puesta en escena de una obra:

— Aumenta vocabulario.

— Interioriza el mensaje positivo de «El niño que desobedecía».

— Aprende a ponerse en la situación del personaje que encarna: el misionero, el indio...

— Vence timideces e inseguridades.

— Fomenta: El espíritu de colaboración; la creatividad; la capacidad de liderazgo; valores como la responsabilidad, generosidad, fortaleza, constancia, orden...

— Empieza a comprender el sentido de la importancia que tienen «los demás» en la representación de la obra:

«Si no existiera Caperucita, el lobo ¿a quién perseguiría?».

«Si no existiese el lobo, los tres cerditos ¿de quién se escaparían?».

— Aprende a participar y a soltarse a hablar en público.

El teatro de títeres es otra alternativa muy divertida: con tu hijo, inventa los diálogos y fabrica las marionetas. Como el pequeño está tapado por una cortina se encontrará más suelto. Dirá lo que le venga en gana.

Trata de elegir una obra que tenga mensaje positivo.

Al aire libre

El niño de 6, 7 años tiene mucha energía. Encáuzala de alguna manera con la práctica de aficiones al aire libre. Desarrollan la parte física. Tu hijo gana destreza, agilidad, y mejora el aparato psicomotriz. El fin de semana y las vacaciones es un buen momento para dedicarlo a:

Senderismo.

Compra alguna de las múltiples guías de senderos, cerca de tu ciudad. Planea con toda la familia caminar por un **PR** (pequeño recorrido). Fíjate que el **PR** sea fácil de realizar. Es decir que el sendero no tenga fuertes subidas y bajadas. Procura que en la ruta no falte el agua, los bocatas y la máquina de fotos. No te limites a andar. Enseña todo lo que hay alrededor. Si no conoces la vegetación de la zona, compra una guía donde te lo explican todo muy detalladamente. Si te da un poco de miedo lanzarte al senderismo solo con la familia, existen muchas organizaciones que, a precios económicos, realizan diferentes rutas. Anima a otros padres, que tengan hijos de los mismos años, a realizar este tipo de incursiones por la naturaleza.

■ Campamento.

¿A qué chico de esta edad no le apasiona pensar que va a dormir en tienda de campaña con papá y mamá? ¡Anímate! Puede suponer el nacimiento de un futuro *boy scout*. Sé práctica. Lleva a la acampada el material adecuado. Guerra a las inutilidades. Estás de campo.

Deporte.

Es bueno que a esta edad aficiones a tu hijo a deportes en grupo:

— Fútbol.

— Balonmano.

— Baloncesto.

— Voleibol.

Con el deporte se fomentan hábitos muy importantes:

— Compañerismo.

— Espíritu de servicio.

— Saber perder y ganar.

— Fortaleza.

— Pudor.

Y además creas aficiones necesarias para tener una adolescencia más fácil. Es un buen objetivo dentro del proyecto educativo de vuestro hijo.

Cultura

«¿Pero qué dices? –se alarma Ana–. ¿Qué puede hacer un niño de 6 años en un museo?».

Es precisamente a esta edad, cuando debe empezar a frecuentar distintas pinacotecas de tu ciudad. El tiempo libre de Juan también está para culturizarlo un poco. No todo van a ser deportes y juegos en casa.

■ Visita a un museo.

Hay ciertas normas que debes cumplir, si quieres aficionarle a la pintura:

— Prepara con anticipación la visita a la sala de arte o pinacoteca.

— La duración debe de ser de media hora como máximo.

— No se trata de ver todo el museo de golpe.

— Elige un máximo de cinco cuadros, para ver el primer día.

— Procura que la pintura sea de animales o de niños.

— Llévate a otro amigo.

— Explica de qué trata el cuadro.

Son suficientes cuatro orientaciones básicas.

— Pregunta qué le parece. Qué es lo que más y menos le gusta del lienzo y porqué.

166

— Al terminar la visita cómprale, por muy poco dinero, alguna tarjeta de algún cuadro.

Música.

Si quieres que tu hijo se aficione a la música:

— En el coche cambia el hábito de oír: «Buenas tardes con Belinda» por alguna pieza clásica.

— En casa, mientras cada miembro desempeña su entretenimiento favorito, como había señalado anteriormente, enchufa algún compact de Vivaldi, Mozart...

— Pon karaoke. Que oiga y cante canciones.

Coleccionismo

A esta edad le gusta coleccionar: cromos, sellos, hojas, tarjetas... Por puro placer de acumular sus «tesoros».

Defiende sus propiedades con pasión.

Aprende a respetar esta afición tan sana, que le ocupa gran parte de su tiempo libre.

*Coleccionar
ayuda a formar
la identidad.*

En muchas ocasiones, intercambiará sus tesoros con sus compañeros de curso. Es el momento ideal de aficionarle a coleccionar algo más cultural que cromos de un equipo de fútbol: minerales, fósiles y sellos. Llévale a las ferias que, de estas materias, hay en tu ciudad. Coméntale lo bonito que es el «cuarzo»; «el fósil del cuaternario» o el «sello de la Meninas».

Dos reglas de oro.

Constancia:

Tu hijo es pequeño. No puede continuar solo sus colecciones. Depende de ti que lo siga haciendo. No seas de las que un buen día se te cruzan los cables. Agarras al niño. Te lo llevas al museo de mineralogía. Le compras dos minerales. Lo entusiasmas... y en casa ya no se vuelve a hablar de más piedras en una buena temporada. Moléstate y acude regularmente con tu hijo a los sitios donde pueda seguir acaparando sus pequeños tesoros.

Espacio:

Dedica un sitio especial a sus colecciones. De otra manera acabarán perdidas, rotas o en cualquier sitio.

Amigos

Teresa lo tiene bien claro:

«¿Yo? ¿Amigos de Pepito en casa? ¡Ni hablar! Ni por todo el oro del mundo... Prefiero comprarle un juguete. Me sale más barato que arreglar toda la casa, una vez que se han ido los vándalos...».

¡Qué equivocación!

Jugar con un amigo es compartir y felicidad.

La amistad no se puede sustituir con un juguete. Juan pasará mucho tiempo entretenido con Pepe.

Normas para traer amigos a casa:
— Deja una zona a prueba de bombas.
— Procura no recurrir al socorrido vídeo. Si lo haces, que sea educativo. Ponlo a media tarde. Después de haber jugado un rato si es un día de fiesta. Nunca antes de estudiar o hacer los deberes.

La televisión

El niño que se queda quieto mucho tiempo al día delante de la televisión retrasa su desarrollo. Sin embargo, es muy fácil y normal que se sienta deslumbrado por la pantalla. Es una etapa de apertura al exterior. De pronto se encuentra con una ventana que le muestra el mundo entero a su alcance. Demasiadas horas de televisión dan lugar a comportamientos impulsivos e incontrolados. Como es muy activo, mientras ve la tele reprime, de mala manera, esa energía que le desborda por los cuatro costados. Después de pasar mucho tiempo delante de la pantalla, en cuanto apaga el aparato comienza a saltar, gritar y golpear.

Depende de ti
que la televisión,
en tu casa,
adquiera
el justo protagonismo.

Utiliza bien la tele:

— En pequeñas dosis y seleccionada.

— Preferiblemente dibujos y películas grabadas en vídeo, previamente visualizadas por mamá y papá. Pero cuidado que el 50% de los dibujos animados no son recomendables. Su contenido es rico en violencia de luces, sonidos, imágenes y diálogos.

Un lugar.

Cambia el decorado de las habitaciones. La tele no debe estar en el centro como una reina y las sillas cómodas a su alrededor. Empótrala en una librería o en una esquina. Instala, en medio del cuarto de estar, una mesa camilla bien grande. El centro de la vida familiar es la tertulia alrededor de las faldas de la camilla. La familia no puede estar apoltronada en el

sofá alrededor de la caja tonta. La configura-
ción espacial del mobiliario, en la zona de estar, sirve para que Juan perciba la gran importancia o el poco caso que sus padres hacen a
la tele:

«Mi mamá pone la tele en medio del cuarto
y los sillones cómodos alrededor: para mi
mamá es muy importante la tele».

«Mi mamá pone en el medio la mesa de hablar y la tele en un lado: para mi mamá es
muy importante que hablemos».

Aburrirse, ¿por qué no?

El tiempo libre de tu hijo también está hecho para que mire a las abutardas, de vez en
cuando. Es muy sano y no pasa nada… Pero
hay madres sobresaltadas. Antes de oír la palabra, a su rubio hijo de 7 años, de «me aburro» prefieren inventar lo que sea. A veces, es
bueno no hacer caso a Juan. Que se las espa-
bile él solito. En muchas ocasiones de un «me
aburro» han salido grandes ideas y planes con
los que ocupar el ocio. Si tú como padre, al
primer «me aburro» del niño, corres presu-

roso a solucionarle el problema, no dejas tiempo para la imaginación. Relájate. Permite que Juan se aburra de vez en cuando:

«Agradezco mucho a mi suegra todos los desvelos que tiene con mi hijo, de 7 años –dice María–, para que durante el mes de agosto lo pase divertido. Pero es que a veces me saca de quicio... El pobre casi siempre tiene que estar haciendo algo con un adulto, cuando no juega con sus primos: trabajos manuales, oír música, leer libros... Es como una angustia. Cuando le digo que se relaje y deje en paz al chico, que él ya se las arreglará, me contesta:

«"Es que al niño de 7 años hay que entretenerle. Él mismo no lo sabe hacer...".

»Y yo no estoy de acuerdo. Pienso que, por tanto entretener a un niño de esta edad, luego no tiene iniciativa. No se molesta en buscar recursos para pasar el tiempo... Siempre se lo han dado todo hecho».

«Cuando tenía 7 años –dice Pepe, de 40–, mi madre nos dejaba con mis hermanos en el campo. Cómo lo pasábamos de bien. Se nos ocurrían toda clase de planes y cosas para hacer. Pocas veces recuerdo a mis padres detrás de nosotros organizándonos la vida. En cambio, hoy en día los chicos tienen pocos recursos. No van más allá de la tele o de la maquinita, cuando sus padres no le organizan algún plan distinto. Hay que dejar brotar la imaginación. A veces surge de retorcerse uno mismo la cabeza y molestarse en buscar algo con lo que divertirse».

Cuando tu hijo diga «me aburro, ¿qué hago?», puedes decirle:

«Piensa algo divertido que te gustaría hacer, y me lo cuentas antes de empezar».

También le puedes sugerir una lista de entretenimientos:

— Pintar.

— Recortar.

— Leer cuentos.

— Escribir a alguien.

— Arreglar la colecciones...

¿Qué me preocupa de Juan?

¿Cómo educo la afectividad?

*La educación
de la afectividad
es una educación
para el amor.*

«¡Ay, yo no sé cómo actuar con mi hijo de 6 años! –dice Manuela–. Cuando tenía 3 años, lo achuchaba y lo mataba a besos. Pero ahora, con más edad, me da no sé qué. No vaya a ser que se vuelva un poco rarito…».

Esto es una solemne equivocación. Demostrar el amor no está reñido con la masculinidad. Al contrario, Juan necesita que sus padres lo achuchen y le digan que le quieren. De esta manera será capaz de transmitir ese amor a su mujer y a sus hijos, cuando sea mayor. No hay que confundir el amor demostrado con el sobreproteccionismo, que no tiene nada que ver. Proteger excesivamente puede traer graves consecuencias. Contaba un profesional de la educación «que los niños que llegan a Primero de Primaria son, cada año, más *blandy blue*». Los padres, con la mejor intención del mundo, protegen de tal manera al chico que lo encierran en una urna de cristal. Si ahora es blando y no pones remedio, cuando tenga que desenvolverse en una pandilla, ¡menudo problema!: llorará, le tomarán el pelo. Puede quedarse sin amigos. No lleva el mismo ritmo que ellos. No te confundas. La masculinidad se fomenta con la reciedumbre. Nunca con un abandono afectivo por parte de los padres.

¿Cómo debe de ser la información sexual?

Personal, íntima
y siempre
ligada al amor.

También debe de ser progresiva. Hay niños que demuestran mucho más interés que otros en temas sexuales. Por esta razón, los padres evalúan el tipo de conversaciones que deben iniciar. Evita reducirla a la información biológica pura y dura. A una mera exposición de penes y vaginas, como si se tratara de manos y pies. Habla de la trascendencia maravillosa de estas partes del cuerpo. Instrumentos creadores de una nueva vida si dos personas, que se aman, se unen bajo el matrimonio, como papá y mamá.

Y siempre adelantándote. No puedes educar a tu hijo, en este tema, como lo hicieron contigo. ¿Por qué? Por la sencilla razón de que el sexo está al alcance de cualquier niño de esta edad a través de la televisión, de las revistas y muy pronto en los mismos libros de texto. Por muy minuciosa y selectiva que seas con la tele, seguro que Juan ha visto alguna escena que otra. Al pasar por el quiosco de enfrente de tu casa, mientras compras la prensa diaria, cogido de tu mano, se ha topado de narices con «La reina del porno». Y si no, para eso están «los amiguetes» que informan rápidamente de lo que vieron la noche anterior, mientras papá y mamá cenaban fuera de casa.

Te recomiendo

que seas la primera
en informar adecuadamente
sobre temas sexuales.

Es la única manera de que la información sea veraz y acertada.

• Pero ¿cómo informo?

Con la mayor naturalidad,
claridad y veracidad.

«El sexo es algo maravilloso que te dio Dios al crearte. Tú tienes un pene y tu hermanita chiquitita una vagina. Pero hay que utilizarlo bien, cuando seas mayor, quieras mucho a tu mujer y te cases con ella como papá conmigo».

No le cuentes la historia del niño de París. Seguro que una parienta o amiga espera un bebé: después de haber visto a la tía María, que está de ocho meses, explícale su concepción con la mayor naturalidad:

«Que papá puso en mamá, por el mismo sitio donde Juan nació, nueve meses antes, una semilla. Se formó un nuevo ser que era él, porque Dios, que es muy bueno, quiso».

Procura dar ejemplo de vida. No vayas por todo el pasillo semi en camisón a coger el teléfono.

El pudor empieza en la propia casa. El niño puede pensar:

«Anda mi madre, mucho me dice de los quioscos y la tele pero cómo va...».

Reglas de oro para educar bien la afectividad.

— No coartes a tu hijo. Deja que sea espontáneo en sus demostraciones afectivas.

— Si llora no pasa nada. No seas de las que diga: «Es que los niños valientes no tienen que soltar lágrimas».

— Que vea a los padres cómo se quieren. Si te peleas, puerta adentro. En esta edad el niño configura su mundo interior. Puede llegar a pensar:

«Mis padres no se quieren... Yo tampoco podré querer nunca a nadie».

— Apretújale con todas tus fuerzas.

— Acostúmbralo a decir a la gente que quiere: «Cuánto te quiero». Sin vergüenza ni falso pudor. De adulto, puede llenar de amor la vida de muchas personas con estas palabras.

— Ni un despertar ni un acostar sin un beso de Juan a sus padres y de sus padres a Juan.

Es inseguro

Cumplir 6 años supone una apertura al exterior, como te decía en el capítulo 1. Un descubrimiento de muchas cosas nuevas. Hasta el momento el niño se movía en un entorno conocido. Ahora frecuenta nuevos ambientes. Puede nacer en él un sentimiento de inseguridad. Te sorprenderá que, en muchas ocasiones, por la necesidad que tiene de autoafirmarse a través de su familia, haga comentarios como:

«Pues mi papá tiene un mercedes».

«Pues mi casa tiene muchos salones».

Aunque estas «salidas» te hagan gracia, debes de tomar medidas. Detrás de «Mi casa tiene muchos salones...» hay una falta de seguridad. Si no la controlas, aumenta con el tiempo. Además tu hijo se puede volver un poco cretinito.

Trabaja la autoestima
y la sencillez.

El niño debe de tener muy claro qué es lo que define verdaderamente a su familia. Qué es lo que la hace distinta y mejor a las demás. En qué valores debe basar su seguridad:

— Que recemos.

— Que tengamos encargos.

— Que nos queramos entre los hermanos.

— Que vivamos con la abuelita enferma.

181

— Que aunque discutamos, nos pidamos perdón.

— Que detestemos la mentira.

— Que queramos mucho a papá y a mamá.

Es un error apoyarse ante los demás en:

— «Mis padres tienen dos coches».

— «En mi casa hay una chica de servicio».

— «Veraneamos en un hotel».

— «Papá ha regalado un reloj de oro a mamá».

— «Yo tengo muchos juguetes».

Tu hijo tiene que saber que tener cosas es bueno, pero no lo principal. Evita comentarios como:

«Pepe, ¿te has dado cuenta? Los Pérez han cambiado de coche y nosotros no. Claro como tu madre se viene a vivir a nuestra casa... El dinero lo tendremos que gastar en arreglar un cuarto nuevo para ella ¡Qué lata! Del año que viene no pasa, aunque tengas que hacer horas extras, que nos compramos el último modelo. ¡Qué van a decir de nosotros!, que llevamos cinco años con el mismo utilitario...».

Juan puede pensar:

«Para mamá el coche es importantísimo».

El coche aparentemente es lo que más alegra a la familia. Juan basa en él su seguridad. Al día siguiente en el cole:

«Mi papá se va a comprar el último modelo de coche».

Cambia el mensaje:

«Pepe, me alegro por los Pérez que se hayan comprado un nuevo coche. Nosotros no podemos ahora. Este año viene tu madre a vivir a nuestra casa y hay que afrontar nuevos gastos. Tengo ilusión con que la pobre, después de la muerte de tu padre, se encuentre aquí bien y cómoda en el nuevo cuarto que le vamos a arreglar. El año que viene, si podemos, nos compraremos un coche, de acuerdo con nuestras posibilidades».

Juan piensa:

«Tener a la abuela es más importante que tener un nuevo coche».

La llegada de la abuela es tomada con gran satisfacción por la familia. Al día siguiente en el cole:

«A casa va venir la abuela a vivir con nosotros. Qué bien».

Lo mejor que puede llevar un chico en la mochila al colegio, además de los libros, es la seguridad bien entendida que le da su familia.

«Yo no entiendo –dice Teresa–. Mi chico lo tiene todo. Mi madre le llena de regalos. Lleva la mejor mochila al colegio. Por la tarde estudia inglés, y hace natación. Sin embargo, con sus amigos no es buena la relación. Su obsesión es llevarse todo lo que le compro al cole. Según dice el profesor, se pasa el recreo contando lo que tenemos en casa».

Teresa basa la seguridad de Juan en las cosas, que al final son efímeras, no en principios sólidos, que duran toda la vida. Que son los que dan la verdadera fuerza y seguridad. Con un coche puedes rivalizar en marca: siempre habrá algún padre que tenga uno mejor, que el padre de Juan, con más prestaciones. Con el amor y la unidad verdadera de la familia es imposible rivalizar. Si diez niños de la clase lo tienen, es igual para todos. Y esto da seguridad.

¡Tiene miedo!

A esta edad puede surgir fácilmente el miedo a dormirse, a la oscuridad y al colegio. Procura detectarlos y controlarlos.

A la escuela.

Seguro que algún compañero le hace la vida imposible, se burla de él y le aterroriza.

Pregúntale:

«¿Qué te pasa Juan? ¿Por qué no quieres ir al cole?».

«Bueno es que...».

«Anda dímelo».

«Es que Pepe me ha dicho que en el cole hay un cuarto donde encierran a los niños que hacen mal los deberes y que no leen».

El pobre Juan estaba angustiado por el comentario del graciosillo de Pepe. Toma enseguida las medidas oportunas. Habla con el profesor. Que Pepe delante de Juan se retracte de lo que ha dicho.

A dormirse y a la oscuridad.

La noche es una realidad desconocida. La hora de dormir es una hora mágica. El niño se muestra más sensible. Puede tener pánico a dormirse en la oscuridad. Parte de estos miedos nocturnos se deben a:

— Las amenazas de mamá a Juan con meterlo en el cuarto oscuro si no se porta bien.

— Las gracias de papá con la llegada del hombre del saco, que coge a los niños por la noche.

— Las excesivas peleas familiares. Juan teme que sus padres se separen, como los de Santi, su compañero de clase.

— La pena por la abuela enferma.

— La llegada de un hermanito, que le puede quitar el amor de sus padres. Como consecuencia mamá desaparece de casa durante unos días.

— Las amenazas de esa tata que parece maravillosa, pero que dice continuamente: «En mi país a los niños que son malos, por la noche, viene el brujo de la tribu, los asa y los come...».

Y encima, la tal Alicia María amenaza al pobre niño con llamar al brujo, si dice algo a mamá de lo que le ha contado...

Puede ser que Juan se ría de esta historia pero, si es muy sensible, lo pasa fatal.

Te recomiendo:

— No te rías y menos delante de la gente, si tu hijo ha vuelto a hacerse pis en la cama, como un bebé, debido al miedo.

— A través de un diálogo investiga las causas anteriormente descritas.

— Procura no amenazarle nunca con cosas terroríficas.

— Evita los enfrentamientos familiares.

— Muéstrate especialmente cariñosa, los días del nacimiento del nuevo bebé.

— Y si la culpa de todo la tiene Alicia María, léele la cartilla.

   En último caso mándala a paseo. No te preocupes, encontrarás otra mejor.

— Si lo pide Juan, deja la luz del pasillo encendida.

Siempre está malo

Como decía en el capítulo 1, a esta edad el niño suele dejar de ser el niño robusto de hace dos años.

Además comparte clases, con los miasmas de un montón de compañeros. Es normal que caiga malo cada dos por tres.

Por esta razón te recomiendo, ante las crisis de catarro que:

— No le atiborres de antibióticos: «La gripe de tu hijo se cura en siete días con antibióticos. Sin ellos en una semana».

— No llames a la suegra si es muy aprensiva. Lo único que conseguirás es empeorar las cosas y que te caliente la cabeza: «Pero no ves Teresa. El pobre niño está fatal. Desde luego ya se puede preparar para estar en la cama quince días seguidos. ¡Qué bien Juan!, te vas a quedar sin ir al cole...».

— No recluyas al niño tanto tiempo en casa con juguetes de toda la parentela. Puede pensar: «Caramba que suerte es estar malo. Es mucho mejor que ir al cole. Todos me compran algo».

Procura:

— Darle vitaminas.

— No abusar del antibiótico.

— Llamar al médico en lugar de a la suegra.

— Mantener al niño como un enfermo. No inundes la cama de juguetes. Cuando se recupere podrá jugar o ir al cole.

¿Cómo educo su espontaneidad?

Hay que encauzar la espontaneidad, nunca cortarla. Es bueno que el niño sea espontáneo y demuestre su amor.

Hazle ver la diferencia entre espontaneidad y mala educación.

Mala educación:

— Saltar por los sofás.

— Comer como un bárbaro en la mesa.

— Meterse el dedo en la nariz y hacer pelotillas.

— Tirarse un pedete delante de todos.

Espontaneidad:

— Decir que se quiere casar con mamá.

— Soltar por el teléfono: «Mi mamá ha dicho que no se quiere poner».

189

— Decir en casa de la tía Tere, de setenta años, cuando el postre llega: «Qué bien, hay flan. Por fin... Como a mamá no le gusta nada de nada, nunca lo hace en casa...». Y mamá colorada como una remolacha...

Deja todo sin acabar

Tu hijo normalmente se puede entusiasmar con todo lo que le rodea. Por la gran actividad que desarrolla empieza las cosas y las deje todas a medias.

• Cómo debes de actuar:

No descorazones al niño:

«Pero qué horror. Todo lo haces mal y a medias».

Ten mucho cuidado con estos términos. Es a esta edad cuando empieza a tener espíritu crítico y suele pensar:

«Qué difícil es que me salga bien el dibujo del barco como el de mi papá. Encima mamá quiere que lo termine...».

Desanimado lo deja a medio pintar.

Es mejor que haga varias cosas a medias. Si

le pides que las acabe todas al momento puede ser que no haga nada. Sé progresiva en su trabajo. Si hoy empieza a pintar unas montañas, a modelar un gato y a ordenar un cajón, mañana continúa y pasado termina. Lo importante es que se esfuerce y finalice las tareas, aunque sea en varias sesiones.

Es muy pequeño
para que centre
su esfuerzo
en una sola actividad.

Los payasos, los tímidos y los rayos

Cuando un chico de 6, 7 años sigue siendo un payasete es culpa de sus padres. Lo único que consigues es prolongar su infancia. Las gracias tienen un límite. Si le ríes sus salidas continuamente, no madura. Quiere llamar la atención con sus ocurrencias.

Juan, acostumbrado a cantar en la mesa y que todo el mundo se ría, no se puede creer que hoy, en el comedor, papá y mamá estén serios. Además, le han dado un solemne sermón por su actuación:

«Mira mono, es que ya se acabó de hacer el payaso en el comedor. Esta es la última vez».

Contradecirlo es muy sano. De otra manera se acostumbra a ser el centro de la casa.

• Tímidos:

«Hija Marta –dice Teresa–. No consigo hacer carrera de Juan. Es timidísimo. Y en clase ni te cuento: me dice la profesora que nunca levanta la mano. Si le preguntan algo se pone rojo como un tomate. Y bueno, como venga alguien que no conozca a casa, no abre la boca. No sé qué hacer».

Su timidez puede deberse a una excesiva sobreprotección. Conviene que le des encargos y se relacione con otras personas:

— Que baje a por una barra de pan.
— Que entre en una tienda para preguntar algo.
— Que coja el teléfono.
— Que salude y se quede un rato con las visitas.

No lo pongas en evidencia delante de la gente:

«Pero qué tímido es el pobre Juan. No veis… No se atreve a hacer nada sin mí».

Y el pobre Juan detrás de mamá, agarrado de su mano sin decir nada.

Pepe siempre cuenta que de pequeño, a los 7 años, lo pasaba fatal cuando iban invitados a su casa. Su madre le hacía saludar. Si no quería a pleno pulmón gritaba:

«Pero qué niño tan corto. No se atreve ni a saludar. Se ha puesto hasta colorado, pobrecito…».

• Como rayos:

Los profesores de la Escuela Primaria dicen que cada vez hay más alumnos hiperactivos en las clases, que no paran y no pueden concentrarse. Con este tipo de niño hay que tener mucha paciencia:

— Busca tareas en casa que le guste desarrollar, que centren su atención.

Pregunta cuáles son sus preferencias:

Cerrar las persianas.

Contestar el teléfono.

Ayudar a mamá a hacer el pastel de los domingos…

— Establece un horario no muy largo para su realización. Date cuenta que el chico hiperactivo genera una peligrosa inconstancia a su alrededor: picotea y molesta. Busca algún compañero o hermano que le siga en su ritmo desenfrenado de vida.

¿Cómo hablo con él?

«Es que yo –dice Pepe–, con un pequeñajo como este no sé de qué hablar. Tengo un amigo que establece un tiempo riguroso de tertulia al día. Pero la verdad, no encuentro muy espontáneo eso de: Venga Juan, son las 6. Ahora vamos a hablar».

Desde luego, si le dices esto, seguro que Juan abrirá sus ojos, encogerá los hombros y se quedará mudo. Sé más flexible. No pretendas tener un diálogo trascendental con un niño de esta edad.

Trucos para hablar:

— Aprovecha sus preguntas y enróllate.

— Desarrolla tertulias familiares donde todo el mundo habla.

— Mantén conversaciones que le puedan interesar. No seas de las que diga: «Ay que suerte Mari, como tienes niñas, puedes hablar de todo. En cambio yo, con este mocoso, es que nada de nada. Lo único que le gusta es hacer el bárbaro».

¿Por qué no te unes al «plan bárbaro», y haces unidad con el retoño? Seguro que si te ve tirada por los suelos, a su mismo nivel, inicias una conversación interesantísima:

«Anda, mami también se tira por los suelos... ¿Sabes mami? A mí me gustaría ser un oso».

«¿Ah sí? ¡No me digas! ¿Por qué?» –preguntas a voltereta limpia...

Y con la historia del oso pueden salir otros temas interesantes de conversación. Insisto: métete en su mundo.

Aprovecha
sus preguntas
para preguntar más,
escuchar
y hablar tú.

Educación en la ética y en la fe

A los 6 años aparece la razón y con ella la conciencia moral. Es el momento de no dar nada por supuesto y «mojarse».

Distinguir lo que está bien de lo que está mal

«Ay pobre Juan –dice Marta a su amiga–, lo vas a traumar. Yo a mi hijo de 7 años dejo que ande libre. No le quiero marcar. No le educo enseñándole que hay cosas malas. Todavía es muy pequeño. Él solo se dará cuenta de lo malo y lo bueno...».

Sí, sí. Tú déjale solo, a su aire. No te molestes en decirle que:

«En los quioscos hay revistas, donde aparecen señoras desnudas, pero que eso no está bien. Es bueno llevar el cuerpo tapado».

Seguro que las ha visto cuando ha ido contigo a comprar el periódico. Puede pensar que es lo normal. Hoy día es más difícil educar en ética que hace unos años. No cierres los ojos a la realidad. Enséñale lo que está bien y lo que está mal. Que no se acostumbre a ver lo inmoral como algo corriente.

«Pues yo –dice Luisa– no sé qué voy a hacer este año El niño va siendo mayor y la playa de "Caletas" está llena de señora medio desnudas...».

Plantéate el verano en otro lugar donde abunden «los dos piezas y los pieza entera». Conviene que antes de iniciar las vacaciones tengas conversaciones como esta:

«Juan, ¿a ti te gustaría ver a tu madre desnuda delante de todo el mundo?».

«No».

«Tú sabes que hay gente muy diferente que le da lo mismo desnudarse con personas a su alrededor. Pues aunque lo hagan, no está bien. Es bueno tener pudor y taparse el cuerpo. Además a Jesús no le gustaría».

Procura dar ejemplo siendo coherente con tu vida. Tu palabra y tus actos deben de ir siempre por la misma dirección. Por lo tanto no digas:

«Mira Juan, lo que voy a hacer no está bien, pero tú no lo hagas...».

Y a continuación mamá se hincha a sustraer gominolas de un puesto de caramelos...

Si tu hijo no aprende a distinguir, desde esta edad, lo que está bien de lo que está mal, te juegas mucho en su educación. La conciencia se forma cuando se interioriza la distinción entre lo bueno y lo malo.

Evita este tipo de consejos:

«Mamá, Pepe me ha quitado una goma y yo a cambio le he cogido su boli».

«Ah ¿sí? Eso está fenomenal. Faltaría más que tú fueras menos. Ese niño lo tiene bien empleado».

«Miguel, he encontrado al niño un dinero en el bolsillo. Que yo sepa nadie se lo ha dado.

Así que lo ha debido de quitar. ¿Qué te parece que haga?».

«Uy ni se te ocurra decirle nada... Lo habrá hecho sin darse cuenta. Total son 2 euros de nada...».

De esta forma a tu hijo no le formas rectamente la conciencia. El boli y los 2 euros no tienen valor monetario pero sí valor moral.

Actúa de esta forma:

«Juan, habla con Pepe y dile que te devuelva la goma. Es tuya y no ha hecho bien quitándotela. No se te ocurra actuar tan mal como él y llevarte su boli. Eso está fatal».

— Si has encontrado 2 euros en el bolsillo de tu hijo, no te queda más remedio que tener una conversación con el pequeño.

Que sepa que lo que ha hecho está mal. Que papá y mamá confían en que no lo va a volver a hacer.

Si necesita algo, lo bueno es pedir las cosas y no cogerlas sin permiso.

Los valores trascendentes no se deben dejar en el olvido. Si sois una familia cristiana, para vosotros, padres, educar en la fe debe ser prioritario.

¿Cómo inculco la vida de piedad?

Tu hijo a esta edad es capaz de comprender y asumir tres ideas:

— Soy hijo de Dios.

— Jesús es mi amigo.

— La Virgen es mi Madre del Cielo.

Háblale sencillamente para que entienda estas tres realidades. No empieces a filosofar ni a buscar tres pies al gato. Todavía no tiene edad para entender los dogmas como tales.

Baja lo abstracto
a su realidad
más conocida.

Tu hijo puede imaginar lo divino de un modo humano. Esta manera de entender la religión es buena durante estos años:

«Quieres mucho a papá y a mamá, ¿verdad?».

«Sí».

«Pues con el mismo cariño que nos quieres, tienes que amar a Jesús y a María. Con mamá y papá hablas, ¿verdad?».

«Sí».

«Pues con Jesús y María también tienes que tener largas conversaciones. A ellos les encanta. A tus papás los besas, ¿verdad?».

«Sí».

«Pues a Jesús y a María, que son los padres del Cielo, también les gusta que beses sus imágenes. ¿A que a tus papás les gusta que estés con ellos?».

«Sí».

«Pues a Jesús y a María también. Así que no lo dudes. En el colegio acude a verlos, un momento, a la capilla».

Una familia
que reza unida
permanece unida.

Procura hacer todos los días una oración padres-hijos. Nada mejor que arraigue la vida de piedad a través de papá y mamá, con su ejemplo. Que os vea comulgar, confesar y rezar. A veces es duro: un Rosario entero cuesta seguirlo. Procura rezar con él una parte. Con un sermón largo, tu hijo puede distraerse, pero ahí estás tú para dar una explicación sencilla a las palabras del sacerdote.

■ Evita ciertos comentarios.

«Bueno Pepe, ¿por qué no oímos Misa el sábado por la tarde? Así ya nos la hemos quitado de encima y el domingo lo tenemos libre, para ir al campo...».

«Ahora rezas el Rosario porque sí».

«Como no te calles en la iglesia, Jesús no te va a querer».

«Qué pereza. A Pepe este año le tengo que llevar a clases de catequesis. Vamos, como no tengo otra cosa que hacer...».

«Es que las monjas son la pera. ¿Qué hacen que no dan religión».

«Anda, se me ha olvidado ir a Misa. Bueno no importa. Ya iré el domingo que viene...».

■ Reglas de oro para hacer sugestiva la vida de piedad.

— Inicia la catequesis en casa con un libro atractivo. Dedica diariamente un máximo de

15 minutos. El colegio y la parroquia son solo un complemento a la formación religiosa, que el niño debe recibir principalmente de la familia.

— Aprovecha cuando pases con Juan por delante de una iglesia. Entra a ver a Jesús.

— Aficiónale a la lectura de pequeños héroes Santos.

— Bendice la comida.

— Hazle ver que puede expresarse con Jesús con el mismo lenguaje que utiliza contigo.

— El domingo es un día especial. Después de Misa, compra bollos y flores para alegrar la casa. Es el día del Señor.

— Procura acudir a Misa de niños, es mucho más llevadera para un niño de esta edad. Anímale a que participe cantando.

— Reza por la noche y por la mañana con el niño. No te olvides del Ángel de la Guarda. Es una buena ayuda en sus miedos nocturnos.

— Háblale del Dios padre, amor y bondad. Que sufre mucho cuando alguno de sus hijos se porta mal:

«¿Verdad que tú vas a hacer todo lo posible por ser bueno para que Dios, que te quiere tanto, no lo pase mal?».

— En estos años nace la intimidad. Procura hacer el examen de conciencia por las noches. Ayúdate de algún libro de piedad o tú misma con tu hijo confecciona la lista de preguntas:

«¿Te portaste bien con la hermanita?».

«¿Ayudaste a mamá cuando te lo pidió?».

«¿Cuántas veces te has quejado?».

«¿Has realizado bien las tareas del colegio. Con limpieza y pulcritud?».

«¿Cómo te has portado con tus amigos?».

«¿Has dicho la verdad?».

«¿Has obedecido?».

Los pequeños sacrificios

Es muy educativo que tu hijo se acostumbre, ahora que adquiere uso de razón, a hacer pequeños sacrificios por los demás:

«Juan, ahora te comes el pescado por narices».

Lo más seguro es que no se lo coma. Si lo hace será a disgusto.

Cambia el mensaje:

«Juan, cariño de tu madre, ya sé que no te gusta mucho el pescado. Pero mira, podrías tomártelo y ofrecerlo por los niños que no tienen que comer, para que Jesús les ayude».

A Juan le tienes que inculcar que el sacrificio de hacer algo por los demás siempre trae alegría. Que Jesús se pone muy contento. Una vez que se haya tomado el pescado dile:

«Pero qué bueno has sido. Qué alegre tiene que estar Jesús. Eres una monada. Seguro que, por tu sacrificio, va a ayudar a esos niñitos, que no tienen nada que comer».

Cuando tenga alguna contrariedad recálcale:

«Juan, no te enfades porque la abuela no te ha comprado el pastel de nata. Tú lo deseabas mucho, ¿verdad? ¿Sabes lo que tienes que hacer?: hablar con Jesús. Decirle que no te vas a enfadar con la abuela, para que ayude a los niños que no tienen donde dormir por las noches».

De esta manera, Juan aprende a sacar partido hasta de lo negativo.

■Realiza.

El mural de cielo:

Con la ayuda de tu hijo, pinta a Jesús y a María en un cielo azul, en un cartulina. Al lado pones una lista con tres de los hábitos que más le cuestan:

— Terminar los deberes a tiempo.

— Dejar de ver la tele sin protestar.

— Levantarse de un golpe por la mañana.

Corta estrellas blancas y mételas en una cesta. Proponle que todas las noches, durante una semana, vas a revisar si ha cumplido con los tres hábitos. Por cada uno que haya hecho bien, el niño se encarga de poner una estrella en el cielo. A la semana siguiente, cambias la lista de hábitos... Y así durante cuatro semanas. Al terminar el mes, comentas con tu hijo lo contento que tiene que sentirse:

«Cuántas estrellas has puesto. Cuántos sacrificios has hecho. Qué contentos estamos todos y especialmente Jesús y María, que tanto te quieren».

Tres fechas clave

Aprovecha la Navidad; Mes de Mayo y Semana Santa para educar en el amor de Jesús y María y realiza:

Navidad.

— El niño pone el mural anteriormente realizado de estrellas a los pies del nacimiento.

— Tu hijo debe tener muy claro el motivo principal de la fiesta: el nacimiento de Jesús. En torno a este acto hay regalos. Toda la familia se reúne a cenar y a tomar dulces.

— El 1 de diciembre cómprale las 24 ventanitas de Navidad. Proponle que cada día abra una y rezas con el niño una oración.

— Pon dos cestas al lado del nacimiento. En una tu hijo y toda la familia metéis papeles con algo escrito por lo que dar gracias:

«Por el nuevo hermano».

«Porque Jesús me quiere».

«Por mis conchas».

«Por mi nuevo pupitre».

«Porque mis padres me quieren».

«Porque queremos a Jesús y a María».

En otra se ponen las peticiones:

«Por la abuela que está mala».

«Por mis padres».

«Por los niños que no comen».

«Por mi amigo que tiene catarro».

— Cantar es rezar: ensaya una canción a Jesús para cantarla la Noche de Navidad.

— Antes de cenar, toda la familia se reúne alrededor del portal y besa al niño Jesús.

Mes de María.

Manuel, María y sus tres hijos, durante el Mes de Mayo, colocaban la figura de la Virgen en un lugar destacado de su casa. A sus pies un cestillo, por cada miembro de la familia. Todas las noches, durante el Mes de Mayo, antes de ir a la cama, cada uno metía en su cestillo un papel doblado con una frase:

«Eres guapa».

«Cómo te quiero».

«Ayúdame».

Cada sábado todos leían sus mensajes. Al final besaban a María.

Semana Santa.

Procura que estas fiestas no sean solamente unos días de vacaciones:

— Juan debe de saber:

«Que Jesús le quiere tanto que murió en la cruz por él».

— Durante estos días, coloca un crucifijo en un lugar destacado de tu casa. Cada noche haces una oración en familia, antes de irte a la cama y besas sus pies.

— El Domingo de Resurrección es un día grande. Prepara comida especial.

«Todo porque Jesús está en el Cielo».

— Lleva al niño a visitar la iglesia el Jueves, Viernes y Sábado Santo.

PARA PENSAR
PARA ACTUAR...

Para recordar...

Forma de conciencia.

Explícale el bien y el mal.

Para leer...

José Luis Aberásturi y Martínez, *Educar la conciencia,* Col. Hacer Familia, n° 81, Ed. Palabra.

Educar la conciencia, nos ayudará a educar a nuestros hijos para que sean buenos, educarlos para el verdadero Bien, que en definitiva es educarlos para que sean felices aquí y en la vida eterna.

Para pensar...

Es ahora el tiempo de formar la conciencia de tu hijo. Por negligencia u omisión no dejes de enseñarle la diferencia entre lo que está bien y lo que está mal. Piensa que los tiempos de ahora no son los de antes. No todo el mundo educa como tú aunque sean amigos tuyos. Permanece alerta y no bajes la guardia.

Para hablar...

Entre los padres:

¿Cómo le estoy inculcando la vida de piedad a mi hijo?

Con el hijo:

Mantén conversaciones como:
¿Cuáles son tus padres que te quieren todavía mucho más que nosotros?

Para actuar...

Objetivo:

Formarle la conciencia

PLAN DE ACCIÓN
Inés y la muñeca

SITUACIÓN:

Inés suele llegar del cole con cosas que no

son suyas. Al principio no le dábamos mucha importancia pero vemos que esta va a más y hay que solucionarlo.

MEDIOS:
Una conversación tranquila.

MOTIVACIÓN:
Le explicamos: Inés ¿verdad que a ti te gusta mucho Nancy la muñeca? Pues imagínate que te la llevas al cole y desaparece porque se la lleva otra niña, ¿a que te pondrías triste? Pues tú no debes de llevarte lo que no es tuyo. Eso está mal. Y si alguna vez, por un descuido te llevas algo de otro niño, debes devolverlo inmediatamente. Eso está bien.

HISTORIA:
Después de las explicaciones, Inés ya no volvió a traer ningún cuaderno, lapicero o juguete que no fuera suyo.

RESULTADOS:
Estupendos.

Guía de trabajo
Individual ▬ Nº 25 A

TU HIJO DE 6 A 7 AÑOS

Guía de trabajo

TU HIJO DE 6 A 7 AÑOS

Comprende los capítulos: Introducción, 1, 2 y 3.

OBJETIVOS:
— *Conocer las características de tu hijo.*
— *Elaborar un proyecto educativo.*
— *Mejorar en orden, generosidad y fortaleza.*

TRABAJO INDIVIDUAL:

1° Una lectura rápida y otra lenta marcando lo importante.

2° Apuntar las dudas que surjan de la interpretación del texto.

3° Una vez que has leído el primer capítulo, puedes conocer mejor a tu hijo. Haz una lista con aquellos aspectos que crees que pueden ayudar a suavizar sus rasgos de carácter más acusados.

4° Haz una lista con los puntos fuertes y débiles, referidos a la voluntad. Confecciona un Plan de Acción para mejorar algún punto débil, apoyándote en algún punto fuerte de tu hijo.

5° Está a punto de terminar el período sensitivo del orden. Lee el apartado dedicado al orden de su intimidad y haz un Plan de Acción.

6° Comienza el período sensitivo de la generosidad y de la fortaleza. Haz un Plan de Acción dedicado a «Dar sonrisa» y otro relacionado con algo que le cueste al niño terminar: ver la televisión; dejar de jugar; leer.

7° Lee el apartado dedicado a «Chucherías y demás familia». Elabora algún Plan de Acción para controlarlas.

TRABAJO EN GRUPO:

1° Tratar de aclarar las dudas de interpretación que hayan surgido al leer el texto.

2° Aportar entre todos la lista de los aspectos que ayudan a mejorar los rasgos de carácter. Seleccionar cinco.

3° Comentar los Planes de Acción que tratan de reforzar un punto débil de la voluntad de tu hijo apoyándose en otro fuerte.

4° Comentar las ideas que se han puesto en práctica, para mejorar en orden y en generosidad.

5° Seleccionar los tres mejores Planes de Acción.

6° Recordar entre los asistentes la manera de inculcar la generosidad a tu hijo: dar tiempo;

pensamiento; sonrisa y dejar que te obsequien. Hacer algún comentario al respecto.
7º TRABAJO OPCIONAL: Dar 5 minutos para
leer individualmente el apartado dedicado a
«¿Cómo aprendo a valorar su trabajo?». Hacer una puesta en común sobre la manera de
valorar el estudio del chico.

Guía de trabajo
Individual — Nº 25 B

TU HIJO DE 6 A 7 AÑOS

Guía de trabajo

TU HIJO DE 6 A 7 AÑOS

Comprende los capítulos 4, 5 y 6.

OBJETIVOS:
— *Fomentar la lectura.*
— *Fomentar las relaciones con los abuelos.*
— *Mejorar la relación padres-colegio a través de las tutorías.*

TRABAJO INDIVIDUAL:

1º Una lectura rápida y otra lenta marcando lo importante.

2º Apuntar las dudas que surjan de la interpretación del texto.

3º Leer el apartado «Ideas para hacer un buen lector». Proponte llevar a tu hijo una vez a la semana a una librería. Anímale a que elija un libro asesorado por ti. Por las noches, le pides que te lea un trozo y muestras mucho interés por su lectura.

4º Dale mayor protagonismo a los abuelos. Haz una lista con el chico de todo lo que podría hacer por sus mayores. Proponte que lleve a la práctica al menos dos ideas y haz un Plan de Acción.

5º Acude a la tutoría con el profesor preparada.

Apunta los temas que vas a preguntar. Muéstrate abierta, colaboradora y dialogante.

6° Es muy importante la actitud de los padres con respecto a la escolaridad del hijo. Lee el apartado dedicado a este tema. Piensa qué puedes hacer para que el chico vaya mejor en el curso. Haz un plan de acción.

7° Analiza cómo es la relación con los compañeros. Lee el apartado dedicado a este tema.

TRABAJO EN GRUPO:

1° Tratar de aclarar las dudas de interpretación que hayan surgido al leer el texto.

2° Comentar otras posibles ideas para hacer un buen lector de tu hijo.

3° ¿Cómo se han desarrollado las tutorías hasta la fecha con los profesores? ¿Qué se ha sacado de positivo? ¿Cómo se podría mejorar una tutoría?

4° Comentar los Planes de Acción realizados.

5° Seleccionar los tres mejores.

6° Los grupos de trabajo deben de ser de diez familias. Si el vuestro tiene menos, buscar soluciones para ampliarlo.

7º TRABAJO OPCIONAL: Leer el apartado dedicado a «Las tradiciones». Ampliarlas en cinco o seis más.

Guía de trabajo

INDIVIDUAL — Nº 25 C

TU HIJO DE 6 A 7 AÑOS

Guía de trabajo

TU HIJO DE 6 A 7 AÑOS

Comprende los capítulos 7, 8 y 9.

OBJETIVOS:
— *Aprovechar el tiempo libre.*
— *Fomentar el diálogo.*
— *Distinguir lo que está bien de lo que está mal.*

TRABAJO INDIVIDUAL:

1º Una lectura rápida y otra lenta marcando lo importante.

2º Apuntar las dudas que surjan de la interpretación del texto.

3º Lee el apartado dedicado a «La cultura al cubo». Proponte llevar a tu hijo, un día al mes, a una pinacoteca, siguiendo las indicaciones de «La visita a un museo».

4º Lee el apartado dedicado a «¿Cómo hablo con él?». Realiza un plan de acción que fomente el diálogo con tu hijo.

5º Tu hijo ya razona. Por lo tanto tiene conciencia de ciertas cosas que están bien y otras que están mal. Confecciona con él una lista sobre posibles positivos y negativos comportamientos en casa y en el colegio.

6º Lee el apartado «Es inseguro» del capítulo 8. Elabora con tu hijo una lista sobre las características que definen a su familia.

7º En el último número de la revista «Hacer Familia» que tengas, busca la sección «El Arte de Educar». Lee despacio las páginas que correspondan a la edad de tu hijo. Anota por escrito las dos ideas que te parezcan más originales y las dos que sean más necesarias.

TRABAJO EN GRUPO:

1º Tratar de aclarar las dudas de interpretación que hayan surgido al leer el texto.

2º Comentar el plan de la visita al museo. Sugerir otras ideas para fomentar la cultura, en el tiempo libre, que sean entretenidas.

3º Comentar los Planes de Acción referidos a fomentar el diálogo con tu hijo.

4º Comentar las dos características más relevantes de cada familia, indicadas por los hijos.

5º Seleccionar los tres mejores Planes de Acción.

6º Cada familia leerá las dos ideas más originales y las dos más necesarias seleccionadas de la sección «El arte de Educar». Anotar en la Guía de Trabajo en Grupo las dos mejores.

7º TRABAJO OPCIONAL. Leer el apartado «¿Cómo educo su espontaneidad?». Comentar otras posibles conductas llenas de espontaneidad de los hijos.

ÍNDICE

229

PARTE SEGUNDA "B"
CÓMO DESARROLLAR SU INTELIGENCIA

PARTE TERCERA "C"

¿QUÉ ME PREOCUPA
DE MI HIJO?

SUSCRÍBETE A LA REVISTA MENSUAL DE LA COLECCIÓN HACER FAMILIA Y TE REGALAREMOS EL LIBRO QUE TÚ ELIJAS

Secciones de la revista

El Arte de Educar por edades
Matrimonio al día
Reportajes y entrevistas
Estimulación temprana
Aficiones y hobbies juveniles
El carácter
Tiempo libre: libros, vídeos, cine
y programas de ordenador
Club de Goncio para los más pequeños

(Boletín de suscripción en la página siguiente.)

HACER familia

BOLETÍN DE SUSCRIPCIÓN

NOMBRE Y APELLIDOS:...

DIRECCIÓN:...

POBLACIÓN: ....

C.P.:..........................PROVINCIA:..

TEL.:...............................E-MAIL:...

N.I.F.:...

Nº de Hijos:... Año nacim. del mayor:....................

FORMA DE PAGO

❑ DOMICILIACIÓN BANCARIA

Nombre y apellidos del titular: ....

Banco:..

Domicilio:...C.P.:.........................

Poblacion:...Provincia: ....

Les ruego que, con cargo a mi cuenta, atiendan los recibos que les presente EPALSA

Código Cuenta | | | | | | | | | | | | | | | | | | | | |

     Banco   Sucursal   D.C.   Nº Cuenta

❑ VISA / Master Card   Fecha de caducidad ..../........

Nº | | | | | | | | | | | | | | | | | | Firma del titular:

❑ Transferencia a nombre de EDICIONES PALABRA, c/c Nº0049-4693-98-2510024778 del banco Santander, Hermosilla 75 - Madrid

❑ Talón adjunto nº...

PERSONA QUE ABONA LA SUSCRIPCIÓN (Sólo en caso de que no coincida con el suscriptor).

Nombre y apellidos:..

Dirección:...

Población: ....

Provincia: ....C.P.:...............................

Tel.: ....NIF:...............................

	12 Números	24 Números
España y Portugal	4.950/29.75€	9.500/ 57.10€
Extranjero (Superficie)	6.400/38.46€	12.400/ 74.53€
Europa (Aéreo)	7.900/47.48€	15.400/ 92.56€
Resto del Mundo (Aéreo)	9.500/57.10€	18.600/111.79€

PRECIOS VÁLIDOS PARA 2002

Ediciones Palabra, S.A.
Pº de la Castellana 210. 2º 28046 Madrid
Tel. 91 350 83 11 - Fax: 91 359 02 30
www.hacer-familia.com
suscripciones@edicionespalabra.es

DESEO RECIBIR GRATUITAMENTE
EL LIBRO DE LA COLECCIÓN HACER FAMILIA Nº.....
DE LA SIGUIENTE LISTA

Recortar y enviar a EDICIONES PALABRA, S.A.- Castellana 210, 2º - 28046 Madrid - Tfno: 91 350 83 11

www.hacer-familia.com

Ayuda a los padres en la difícil tarea de educar
y contribuye a mejorar la vida familiar.

Serie A: COMO EDUCAR

1. EDUCAR HOY (13ª ed.)
Fernando Corominas
2. HACER FAMILIA HOY (7ª ed.)
Oliveros F. Otero y Fernando Corominas
4. EXIGIR PARA EDUCAR (9ª ed.)
Eusebio Ferrer
5. LAS LECTURAS DE TUS HIJOS (3ª ed.)
Cynthia Hertfelder
6. FAMILIAS CONTRA CORRIENTE (5ª ed.)
David Isaacs y Mª Luisa Abril Martorell
7. TU HIJO DIFERENTE (3ª ed.)
Pilar Cabrerizo y Asunción Pacheco
8. CÓMO EDUCAR JUGANDO (5ª ed.)
José María Batllori
9. LOS ESTUDIOS Y LA FAMILIA (5ª ed.)
Gerardo Castillo Ceballos
11. DIOS Y LA FAMILIA (5ª ed.)
Jesús Urteaga
12. PLANIFICACIÓN FAMILIAR NATURAL (3ª ed.)
Tomás Melendo y Joaquín Fernández-Crehuet
13. CÓMO PREVENIR EL CONSUMO DE DROGAS (5ª ed.)
Aquilino Polaino y Javier de las Heras
14. PARA EDUCAR MEJOR (4ª ed.)
María Teresa Aldrete de Ramos
16. PREPARAR A LOS HIJOS PARA LA VIDA (5ª ed.)
Gerardo Castillo
17. LOS ESTUDIOS Y EL DESARROLLO INTELECTUAL (4ª ed.)
Carlos Ros
18. LOS NOVIOS. EL ARTE DE CONOCER AL OTRO (4ª ed.)
Ramón Montalat
20. CÓMO EDUCAR A TUS HIJOS (6ª ed.)
Fernando Corominas

Serie E: MEDIOS EDUCATIVOS

TÍTULOS DE ESTA COLECCIÓN
PUBLICADOS EN INGLÉS

Para más información dirigirse a:
EDICIONES PALABRA, S.A. - Castellana, 210 - 28046 Madrid
Telfs.: 91 350 77 20 - 91 350 77 39 - Fax: 91 359 02 30
www.edicionespalabra.es - epalsa@edicionespalabra.es